A ERA EXPONENCIAL EXIGE

PEDAGOGIA 5.0

A GAMIFICAÇÃO NA SALA DE AULA E NOS TREINAMENTOS CORPORATIVOS

ANDRAGOGIA
JOGOS
HABILIDADES
EXPONENCIAL
HARDSKILLS
EMOÇÃO
COMPETÊNCIA
SOFTSKILL
MINDSET
GAME
CRIATIVI...A

A ERA EXPONENCIAL EXIGE

Presidente:
Mauricio Sita

Vice-presidente:
Alessandra Ksenhuck

Capa:
Paulo Gallian

Diagramação:
Gabriel Uchima

Revisão:
Rodrigo Rainho

Diretora de Projetos:
Gleide Santos

Diretora Executiva:
Julyana Rosa

Diretor de marketing:
Horacio Corral

Relacionamento com o cliente:
Claudia Pires

Impressão:
Impressul

Dados Internacionais de Catalogação na Publicação (CIP)
(eDOC BRASIL, Belo Horizonte/MG)

E65 A era exponencial exige / Coordenação Valderez Loiola. – São Paulo, SP: Literare Books International, 2020.
14 x 21 cm

ISBN 978-85-9455-278-5

1. Literatura de não-ficção. 2. Liderança. 3. Administração – Gestão. I. Loiola, Valderez.

CDD 658.4

Elaborado por Maurício Amormino Júnior – CRB6/2422

Literare Books International Ltda.
Rua Antônio Augusto Covello, 472 – Vila Mariana – São Paulo, SP.
CEP 01550-060
Fone/fax: (0**11) 2659-0968
site: www.literarebooks.com.br
e-mail: contato@literarebooks.com.br

Sumário

Capítulo 1

Afinal, o que é e como aplicar a gamificação?

Jogos, ou *games*, são um recurso cada vez mais usado como resposta a diversas demandas de aprendizagem. Mas como usar a "gamificação"? Este capítulo traz um roteiro para ajudar o leitor a construir uma solução de treinamento baseada nessa ferramenta moderna e eficiente. E proporciona, aos profissionais de educação corporativa, segurança e autonomia em sua aplicação de forma consistente e eficaz.

Raquel Borges

Raquel Borges

Graduada em Comunicação Social com ênfase em Publicidade e Propaganda e especialista em Educação Corporativa, pelo Centro Universitário Senac. Graduanda de Comunicação Visual e *Design* Gráfico pela Escola Panamericana de Arte e Design. Sócia da Senses Aprendizagem, empresa de consultoria especializada em criação e aplicação de treinamentos lúdicos e vivenciais, com sedes em São Paulo e Lisboa.

Contatos
www.sensesaprendizagem.com.br
raquel@sensesaprendizagem.com.br
Instagram: www.instagram.com/sensesaprendizagem
LinkedIn: www.linkedin.com/in/borgesraquel

Como a origem das palavras denota, Pedagogia significa o ensino de jovens (*paidós* = criança; *agogé* = conduzir); enquanto Andragogia é o ensino de adultos (*andros* = homem adulto). Uma das diferenças entre as duas disciplinas está na postura do facilitador do processo de aprendizado. Na educação tradicional, o professor sobressai por ser o grande detentor do conhecimento, enquanto ao aluno cabe o papel passivo de receber o que o mestre lhe transmite. Esse é um formato ainda muito usado não só no ensino fundamental e médio, mas também em universidades e áreas de treinamento das corporações. No caso da Andragogia, o protagonismo passa a ser do aluno, ou treinando. Sua experiência é conduzida não mais por um professor, mas por um facilitador encarregado de ajudá-lo a trilhar seu caminho para a construção do conhecimento.

Outra distinção se dá no campo da motivação, elemento fundamental para a aprendizagem. Enquanto o jovem precisa de mecanismos que incentivem seu esforço, como provas, notas e a necessidade de "passar de ano", o profissional adulto sabe o que precisa aprender e por quê. Ele é motivado internamente, ou seja, tem um propósito consistente e, em grande parte dos casos, entusiasmado.

A educação tende, cada vez mais, a se distanciar do modelo pedagógico tradicional e abraçar um modelo andragógico, mesmo considerando o público infantil. A razão dessa mudança é a percepção de que a motivação é fundamental para a aprendizagem.

O estado de *flow*

Em palestra no TED, Mihaly Csikszentmihalyi defendeu a tese de que o segredo da felicidade é o estado de fluidez, ou *flow*. O psicólogo nascido na Hungria sustenta que, desde a época dos antigos romanos e egípcios, as pessoas buscam experimentar uma realidade diferente de forma mais concentrada e ordenada, como nos circos, arenas e teatros. Essa necessidade acompanhou a evolução das civilizações. Conforme sua teoria, quando alguém está realmente envolvido não é capaz de perceber como seu corpo "se sente", nem pensar em problemas fora da realidade na qual está mergulhado. Assim o indivíduo atinge um estado mental de foco total, permanecendo imerso e engajado em determinada atividade. Esse envolvimento emocional, fator determinante para o bom andamento de um processo de aprendizagem, atinge seu ápice com o *flow*.

Por acaso você já viveu a experiência de estar tão conectado que deixou de perceber o tempo passar, parou de pensar no boleto atrasado e em tudo mais fora do que acontecia no momento? Se a resposta for sim, você já vivenciou o *flow*, um estado mental que permitiu com que você alcançasse um nível altíssimo de motivação.

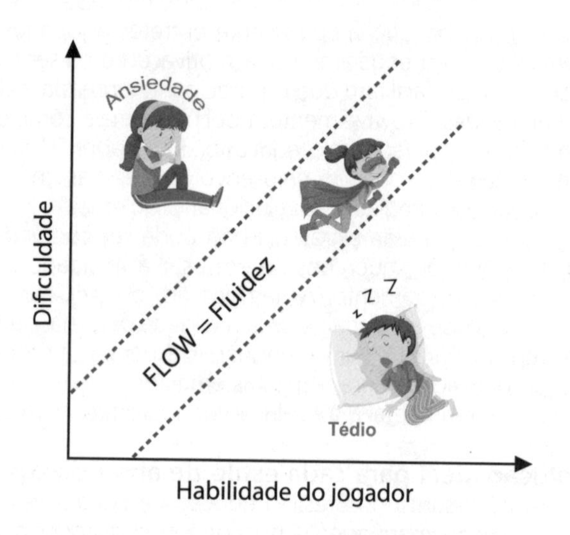

Fonte: Kapp, 2012, *Flow*, Edição Kindle.

Mas o que *flow* tem a ver com a Andragogia e a gamificação? Tudo! As pessoas sentem inspiração de várias maneiras. Um modo de motivá-las é apresentar desafios práticos, encorajá-las à medida que atingem novos níveis e mantê-las emocionalmente envolvidas para alcançar o melhor resultado. E é isso que a gamificação proporciona. Em sua essência, a estratégia de ensino baseada em *games* mergulha os participantes em um ambiente de alto nível emocional e os motiva a alcançar as metas estabelecidas. Ao empregar esse recurso, o facilitador aumenta muito as chances de o conteúdo abordado se tornar memória de longo prazo, ou seja, ser absorvido e incorporado pelo treinando.

Afinal, o que é gamificação?

Para que possamos definir gamificação, é importante lembrar o conceito de *game*. O autor norte-americano Raph Koster, que se apresenta como "designer de jogos", explica que jogo é um sistema no qual os jogadores se engajam "em um desafio abstrato, definido por regras, interatividade e *feedback*". Segundo ele, essa atividade produz um resultado possível de ser quantificado e que frequentemente "gera uma reação emocional".

É bom deixar claro que a gamificação demanda uma abordagem mais complexa do que isso. Seu alcance ultrapassa os elementos que compõem um jogo, como desafio, regras, interatividade e *feedback*. Seu propósito é maior do que simplesmente entreter o jogador. Aspectos fundamentais como o engajamento, a motivação e os sentimentos de conquista e fracasso facilitam que o participante aprenda e desenvolva diversas habilidades. Provavelmente a definição mais completa de gamificação seja a formulada pelo educador Karl Kapp: "Usar mecânica, estética e pensamento de jogo para envolver pessoas, motivar para a ação, promover o aprendizado e solucionar problemas".

Vale ressaltar que essa estratégia não pode ser confundida com o conceito de simulação, que consiste em usar a realidade como pano de fundo para o treinamento. A gamificação, por seu turno, utiliza a diversão do jogo e se apropria de uma realidade paralela, dentro de um ambiente seguro, para treinar ou ensinar. A experiência promovida por uma solução gamificada gera respostas emocionais que levam à transformação comportamental e à evolução do indivíduo.

A solução ideal para cada estilo de aprendizagem

Pioneira no assunto no Brasil, a educadora Flora Alves defende a ideia de que uma experiência gamificada depende principalmente da aplicação de três elementos: dinâmica, mecânica e componentes.

De acordo com esse modelo, criado pelo professor norte-americano Kevin Werbach, da Wharton School, a dinâmica é formada por aquilo que fornece coerência e padrões para a experiência. Esses componentes não se restringem às regras do jogo, mas incluem conceitos como emoções, constrições (o caminho não deve ser óbvio), narrativa (conexão e sentido), progressão (sensação de progresso de um ponto a outro) e relacionamento (posição do jogador em relação aos demais).

Quanto à mecânica, a autora menciona o que promove a ação: desafios, sorte, cooperação ou competição, *feedback*, recursos, recompensas, transações, turnos (jogadas alternadas entre os participantes) e estado de vitória (percepção de ter alcançado o fim do jogo e atingido o resultado esperado).

Por último, os componentes seriam os elementos que concretizam o alinhamento da dinâmica e da mecânica, completando a analogia do jogo, como tabuleiro, peões, *badges* (símbolos das realizações), dados, placar, moeda de troca etc.

Ao desenvolver os elementos de uma solução gamificada, é preciso considerar os estilos de aprendizagem definidos pela Programação

Neurolinguística (PNL): visual, auditiva e cinestésica. O objetivo dessa distinção é encontrar a abordagem adequada a cada pessoa. É preciso considerar que a maneira como se aprende não está relacionada à inteligência, mas sim à forma preferida de receber as informações.

Os indivíduos cujo estilo preponderante é o visual recebem bem as mensagens apoiadas em recursos como figuras e diagramas, e costumam dispersar a atenção durante explicações longas, palestras e aulas expositivas. Já aqueles chamados de auditivos dão preferência a instruções verbais, precisam ouvir para compreender e demonstram mais dificuldade em tarefas que demandem leitura. Por fim, os cinestésicos adquirem mais conhecimentos na prática e gostam de receber estímulos por meio de experiências em que podem ver, tocar e criar.

Diversificar os estímulos levando em conta os estilos de aprendizagem, agregando elementos capazes de atingir todos os tipos de jogadores, torna o jogo mais interessante e multiplica as chances de promover a apreensão dos conteúdos de forma eficaz.

Roteiro para uma solução de aprendizagem gamificada

Ao iniciar o processo de criação de uma solução de aprendizagem gamificada, é necessário levantar as necessidades de desenvolvimento e descobrir o perfil do público-alvo.

O primeiro processo levará ao desenvolvimento da camada de conteúdo do jogo. Para isso, tente completar a frase: "Ao fim do jogo-treinamento, o jogador deverá ser capaz de..." Depois de definir o que deve ser ensinado, crie uma estrutura para o conteúdo, estabelecendo qual será a trilha de conteúdos que o aluno vai ter de percorrer.

O segundo passo é estudar o público-alvo, que permitirá determinar a metodologia e as formas de interação. Um bom caminho seria responder às perguntas sobre o jogo que você vai desenvolver:

- **Será competitivo ou colaborativo?**
  Pessoalmente, prefiro a segunda opção, pois estou convencida de que ninguém conquista nada sozinho e que o grupo é sempre mais forte que o indivíduo. Mas, por outro lado, entendo que a competição pode ser uma ferramenta útil para se obter motivação, principalmente no caso de jogos digitais, em que os jogadores/alunos não ocupam o mesmo espaço físico.
- **Será presencial, digital ou multiplataforma?**
  A última hipótese mistura etapas presenciais e digitais.
- **Será pontual ou continuado?**
  Estabeleça se haverá apenas uma interação ou diversas interações em dias diferentes.

- **Qual é o tamanho do grupo?**
  Para jogos presenciais, considero que o máximo devem ser 24 pessoas, pois grupos maiores tendem a perder o foco.
- **Qual será a duração do jogo inteiro, ou de cada interação?**
  Considere como é o dia a dia do seu público. Podem ser alunos que passam 5 horas por dia na escola, funcionários da área comercial que alternam o escritório e a rua, enfermeiros que fazem plantão de 8 horas no hospital...

Com essas etapas resolvidas, siga para as seguintes: roteirização e estudo preliminar. Para elaborar o roteiro, pense na mecânica e na dinâmica.

Em relação à dinâmica do jogo, crie a narrativa, ou seja, uma história cujos protagonistas sejam os próprios participantes. Determine a missão da atividade, como se dará a progressão (as etapas que se sucedem), quais são as regras e restrições e como serão as interações entre os jogadores e destes com os facilitadores (em alguns casos, apenas um membro da equipe fala com o facilitador, por exemplo).

A etapa referente à mecânica inclui definir como o conteúdo deverá ser inserido durante a interação, quais serão os desafios, os recursos, os turnos e como se dará o encerramento do jogo.

Com a roteirização formatada, é hora de desenhar e produzir a versão preliminar dos componentes: tabuleiro, avatares/peões, dados, placar, apresentação complementar, moedas de troca etc. Nessa primeira fase de produção dos itens, não há necessidade de gastar muito tempo e dinheiro com os detalhes, pois provavelmente haverá alterações depois da etapa piloto.

Pôr o modelo à prova é fundamental na construção de jogos. O teste vai garantir que os componentes, a dinâmica e a mecânica funcionam bem juntos. Assim você conseguirá avaliar se o conjunto tem coerência e se os objetivos de aprendizagem estão sendo cumpridos. A recomendação é "rodar o piloto" pelo menos duas vezes, sempre com pessoas que desconhecem o jogo – de preferência, atuando como jogadores. O objetivo é apontar possíveis incongruências.

Entre os dois pilotos, faça uma reunião com a equipe de desenvolvimento e os participantes para entender os pontos que podem ser melhorados. O sucesso no segundo teste representa o sinal verde para produzir a versão final dos componentes. Se você chegou lá, parabéns! Sua solução de aprendizagem gamificada está pronta para ser aplicada. Caso ainda haja pontos de melhoria, tenha paciência, faça mais reuniões, novos pilotos e revise todo o conteúdo. Logo sua solução ficará perfeita.

Veja um diagrama que estrutura todas as etapas descritas:

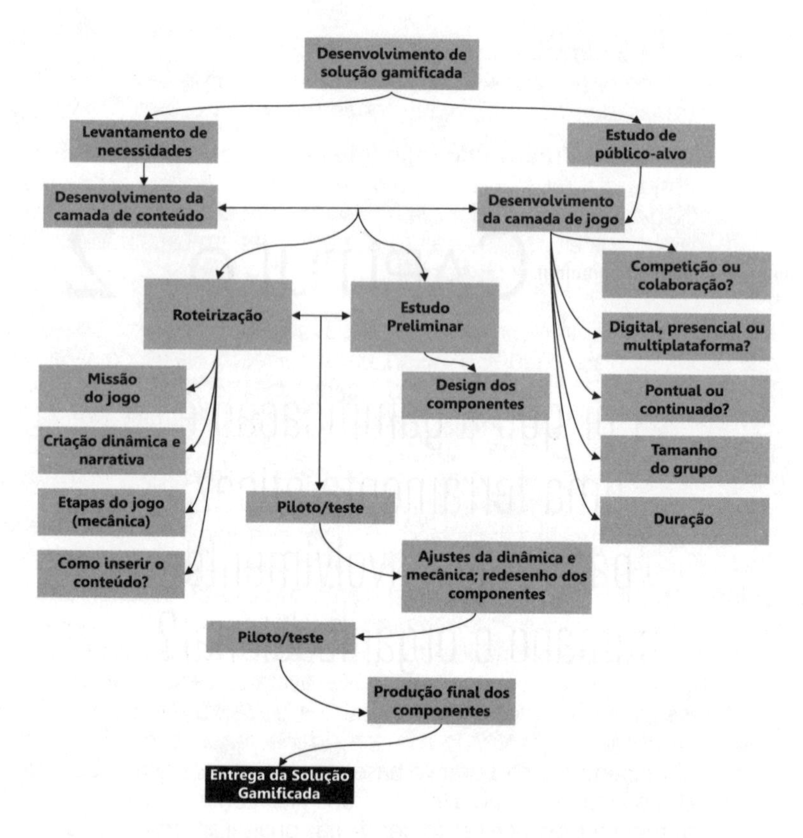

Por fim, cabe reforçar que a criação de um jogo, assim como qualquer processo criativo, funciona melhor em um grupo multidisciplinar. Faça *brainstorms*, utilize a inteligência coletiva e aproveite as competências e habilidades da equipe para criar o melhor jogo-treinamento para o seu público.

Referências

ALVES, Flora. *GAMIFICATION. Como criar experiências de aprendizagem engajadoras*. São Paulo: VS Editora, 2015.

BURKE, Brian. *Gamificar: como a gamificação motiva as pessoas a fazerem coisas extraordinárias*. São Paulo: DVS Editora, 2015.

CSIKSZENTMIHALYI, Mihaly. *Flow, the secret to happiness*. TED 2004. Disponível em: <https://www.ted.com/talks/mihaly_csikszentmihalyi_on_flow/transcript>. Acesso em: 28 de julho de 2018.

KAPP, Karl M. *The gamification of learning and instruction: game-based methods and strategies for training and education*. Pfeiffer, 2012 (e-book).

KOSTER, Raph. *A Theory of fun for a game design*. Scottsdale, AZ: Paraglyoh Press, 2005.

Capítulo 2

Por que a gamificação é uma ferramenta eficaz para o desenvolvimento humano e organizacional?

O treinamento corporativo baseado em *games* é uma das formas mais eficazes de transmitir conteúdos e aumentar o engajamento dos profissionais. Essa prática, que vem crescendo no Brasil, se baseia nas descobertas da neurociência aplicadas ao desenvolvimento de adultos. A gamificação estimula os três níveis do cérebro por meio de atividades que levam os participantes a agir, sentir e refletir.

Soraya Borges dos Santos

Soraya Borges dos Santos

Atua nos últimos 25 anos como consultora especialista em Aprendizagem, Desenvolvimento Organizacional, Liderança, Inovação e *Change Management* utilizando metodologias lúdicas e experienciais. Projetos realizados em empresas de médio e grande porte como: Leroy Merlin, Unilever, Carrefour, Santander, Grupo Ultra, Siemens, Natura, Givaudan, Hospital das Clínicas, LafargeHolcim, Rede D'Or São Luiz, entre outras. Médica formada pela Escola Paulista de Medicina. Jornalista formada pela Cásper Líbero. Pós-graduada em Propaganda e *Marketing* pela ESPM. Pós-graduada em Gestão, Liderança e Inovação pela PUC RS. Docente na Pós-Graduação em Educação Lúdica no ISE Vera Cruz.

Contatos
www.sensesaprendizagem.com.br
soraya@sensesaprendizagem.com.br
Instagram: instagram.com/sensesaprendizagem
LinkedIn: www.linkedin.com/in/soraya-borges-dos-santos-2b663424/
+55 (11) 96549-2423

De um ramo da biologia, a neurociência modernamente ganhou amplitude ao apontar soluções para questões fundamentais em campos variados, da química à medicina, da linguística à antropologia, da física à computação. A ciência da educação é umas áreas que mais avançaram com as descobertas sobre o cérebro e o sistema nervoso como um todo. Neste capítulo, vamos tratar particularmente da aplicação de alguns conceitos científicos no treinamento e desenvolvimento de pessoas.

O cérebro é plástico

A compreensão sobre o funcionamento do sistema cerebral permite entender melhor como aprendemos, como evoluímos e como geramos a memória que nos faz agir de forma mais ágil e eficaz.

Um dos principais e mais estudados conceitos da neurociência é a plasticidade. Nosso cérebro é esse órgão tão maravilhoso muito por ser capaz de modificar a própria organização estrutural e funcional ao longo da vida. Plasticidade é o nome dessa capacidade que ele tem de se remodelar em função das novas experiências que os seres humanos vivenciam. Essa característica nos trouxe – e traz – uma enorme vantagem competitiva. Durante a evolução, o cérebro desenvolveu enormemente a faculdade de aprender novos comportamentos. Isso porque incorporar formas diferentes de agir melhora a chance de nos adaptarmos ao ambiente e, portanto, de continuarmos vivos. Assim, aprender é um dos principais fatores críticos de sucesso para a nossa sobrevivência!

O impulso de aprender

O nosso cérebro é composto por cerca de 86 bilhões de neurônios, que captam e processam informações entre si. A maneira como nos comportamos está ligada ao formato como esses neurônios se estruturam. A herança genética, claro, é a base, mas as informações vitais que carregamos dentro de nós vão sofrendo modificações à medida que avançamos em nossa trajetória. E é muito bom que seja assim; nada é para sempre na vida.

Quando somos expostos a um novo estímulo, ocorre uma ativação neuronal. Quanto mais estimuladas, mais fortes ficam as conexões entre os neurônios (sinapses). Assim, todas as vezes que temos contato com um evento que nos faz reagir, forma-se uma nova rede neural que registra o aprendizado e altera a organização estrutural e funcional do nosso cérebro.

É assim que nasce um novo comportamento, com base no conhecimento recém-adquirido.

Em suma, somos aparelhados para modificar os nossos cérebros por meio das experiências vividas. Uma forma nova de pensar, sentir e agir promove a criação de redes neurais, as quais, por sua vez, reforçam aquela nova forma de pensar, sentir e agir. O aprendizado ocorre a partir da ressignificação de alguma coisa.

O cérebro que aprende é aquele que se exercita. Por isso, somos diferentes dos processadores de computador – e muito melhores do que eles. As nossas redes se modificam cotidianamente, conforme os estímulos que recebemos. Essa programação de aprender pela experiência já é parte intrínseca do nosso DNA.

Experiências que ficam na memória

Aprendizagem é experiência. Depende de vivência, da tentativa e erro. Incorporamos as experiências vividas quando elas dão significado àquilo que aprendemos, quando iluminam a relação que temos com a vida, com nossos desafios, dores e necessidades. A neurociência estuda a fundo os fatores que influenciam esse processo. Como ensina a cientista Suzana Herculano-Houzel, o aprendizado depende de "motivação e prática, atenção e método".

A propósito de motivação e prática, vamos imaginar que você resolva falar um idioma, aprender um novo esporte ou tocar um instrumento musical. Conforme você vai praticando, passa a falar, jogar ou tocar melhor. Ao se tornar mais habilidoso, você começa a receber *feedback* positivo – do seu professor ou treinador, dos amigos e até de você para si mesmo. Isso gera o incentivo necessário para que você pratique mais e, consequentemente, se aprimore no assunto. Com isso, suas redes neurais como aprendiz-praticante passam a se moldar e reforçar em função da habilidade recém-adquirida e... pronto! Está criado o círculo virtuoso favorável que reforça a motivação por meio da evolução na prática.

Um outro ponto importante é a atenção. O nosso cérebro está "programado" para se ocupar de uma coisa por vez. Sabemos que nos tempos atuais recebemos estímulos de todos os lados. Em plena reunião, damos uma espiadinha na caixa de *e-mail* ou no *WhatsApp*; enquanto lemos também ouvimos música; alguns insistem em usar o celular ao volante. Aqui vem uma notícia não tão boa... nós só conseguimos prestar real atenção em uma coisa de cada vez. O nosso cérebro tem filtros que determinam: agora vou focar na reunião, agora vou me embalar nessa música, agora vou dirigir. Ou: é importante que eu veja que mensagem chegou, preciso mergulhar neste livro, é melhor desligar o celular. Os filtros selecionam qual informação será processada. Assim, o aprendizado depende muito da atenção que damos a um estímulo. E para isso precisamos ter método e foco.

A informação em que prestamos atenção é registrada na nossa memória de trabalho, também chamada de curto prazo. Nela ficam as informações que usamos poucas vezes e em um curto espaço de tempo para desempenhar determinada tarefa. Por exemplo, digitar um número de telefone que acabamos de ouvir. A não ser que haja método e repetição (reforço ao estímulo), esse registro será eventualmente "apagado" da nossa memória.

O cérebro três em um

O cientista norte-americano Paul MacLean deu início na década de 1960 a uma pesquisa que culminou na publicação do livro *The Triune Brain in Evolution Role in Paleocerebral Functions*. Desde então, diversos estudos vêm ampliando o entendimento de como as diferentes áreas do córtex cerebral interagem na geração de novos conhecimentos.

O Dr. MacLean defende a tese de que o sistema nervoso central é formado por três "cérebros" distintos que interagem entre si fundidos em uma única estrutura. Nos seres humanos, o órgão cerebral teria se desenvolvido em camadas, com cada uma delas trazendo aperfeiçoamentos e novas funções. Sua teoria é que a retenção de informações é tanto maior quanto a informação nova respeitar o fluxo de entrada em cada camada do cérebro. Esse "caminho" ideal para o aprendizado começaria no cérebro reptiliano (relacionado com os recursos motores), passaria ao límbico (recursos emocionais) e chegaria ao neocórtex (foco racional).

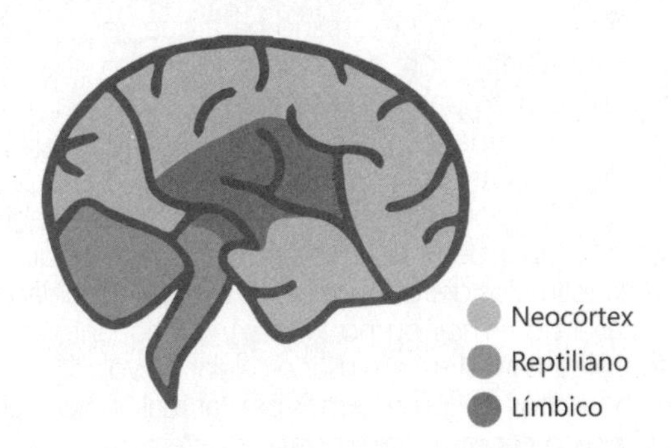

Na prática, isso significa que a experiência capaz de gerar estímulos diferentes nas três áreas do cérebro tem maior chance de fazer com que seu registro na memória de curto prazo (ou de trabalho) se transforme em memória de longo prazo.

E o que a gamificação tem a ver com isso?

Antes de responder a essa pergunta, vamos explorar um pouco o conceito de gamificação, termo derivado do inglês *game* ("jogo"). Consiste na utilização de técnicas e mecânicas de jogos para resolver problemas práticos e promover o engajamento das pessoas, estimulando sua participação e redirecionando comportamentos específicos.

A gamificação aproveita as características de que mais gostamos nos jogos e as incorpora no dia a dia. Existem diversas teorias didáticas e comportamentais por trás dessa disciplina, como alguns conceitos abordados no início deste texto. Na prática, trata-se de configurar um ambiente que propicie a criação de soluções inovadoras, motivadoras e divertidas que conduzam à reflexão, ao aprendizado, ao fortalecimento das cadeias neurais e à geração de memória de longo prazo.

As técnicas baseadas em *games* não são novidade em nossa vida. Há muitos anos utilizamos jogos para entretenimento, segundo estudos produzidos a partir do século XVI. Recentemente, essas técnicas começaram a ser aplicadas com propósitos mais "sérios", por assim dizer. Os *serious games* que passaram então a ser desenvolvidos utilizam as mesmas técnicas lúdicas, mas perseguem objetivos ligados à aprendizagem e ao desenvolvimento profissional.

A escritora e educadora Flora Alves figura entre os percursores no uso dessas técnicas no Brasil. Ela explica que *serious game* "consiste em pensar sobre um problema ou atividade do dia a dia e convertê-la em uma atividade que contenha elementos dos jogos, como competição, cooperação, exploração, premiação e *storytelling*".

De minha parte, com a experiência de mais de uma década aplicando jogos-treinamento no desenvolvimento comportamental de adultos em empresas de médio e grande porte, posso atestar os benefícios dessa abordagem. A principal delas é a aplicabilidade. Os conteúdos trabalhados em sala de aula são transpostos para o dia a dia dos participantes de forma quase natural, por criar significado em relação à sua realidade.

Outras vantagens na utilização de *games* como estratégia de aprendizado são:

- Estimular comportamentos para atingir objetivos.
- Promover o engajamento e a motivação.
- Incentivar a realização de tarefas.
- Envolver os participantes com metas de curto e longo prazos.
- Mensurar resultados.

É bom deixar claro que os *games* não se reduzem a soluções on-line. Os jogos-treinamento presenciais, ou seja, com contato direto entre pessoas, são particularmente eficientes para fortalecer o desenvolvimento de competências comportamentais.

Refazendo a pergunta do título

Vamos ver, enfim, por que a gamificação é tão útil para desenvolver pessoas e organizações.

Os sistemas baseados em jogos podem ser aplicados em vários contextos – na educação, na saúde, no *marketing* e nas empresas em geral. É possível gamificar praticamente qualquer coisa.

No contexto da educação corporativa, a gamificação é uma estratégia que proporciona condições de aprendizagem mais conectadas com o mundo real, até porque valoriza a experimentação e a interação. Funciona assim: os conteúdos são trabalhados em narrativas, que, ao serem vivenciadas pelos participantes, transformam as aulas em um espaço de imersão no conhecimento.

A dinâmica das soluções gamificadas envolve tanto a ação quanto a razão e a emoção dos participantes. Por isso, os conceitos de aprendizagem sob a ótica da neurociência são particularmente eficientes no desenvolvimento comportamental de adultos.

Os *games* promovem:

prática sentir
redes neurais memória
engajamento foco **concentração**
jogo-treinamento
agir resolução de problemas
evolução atenção **motivação**
ressignificar **comportamento**
criatividade racionalizar
aprendizado

1. A criação do círculo virtuoso entre a motivação e a prática. Os participantes jogam, ficam mais "fortes" na execução de suas competências e, consequentemente, mais motivados para seguir jogando, aprendendo e se desenvolvendo.
2. Pelo fato de um jogo ter uma metodologia própria composta por missão, regras, papéis e responsabilidades, cria-se um processo de foco e atenção. De acordo com os conceitos da neurociência, esse processo reforça as cadeias neurais e transforma a memória de trabalho em memória de longo prazo.

3. Por meio de recompensas instantâneas, *feedback* constante (reforço positivo) e desafios, geram-se novas conexões neurais. Com isso, as tarefas e comportamentos ganham novos significados de forma orgânica e natural.
4. Participar de um jogo de treinamento impacta no nível de retenção das mensagens. O estímulo às três camadas cerebrais ativa concentração, foco, raciocínio lógico, criatividade e resolução de problemas.
5. Os jogos trabalham o lado racional, especialmente a concentração, o raciocínio lógico, a criatividade e a resolução de problemas. No campo emocional, têm destaque o aumento da autoestima, da autoconfiança e do engajamento.
6. Um jogo-treinamento foge do desgastado modelo apostila-*Power Point*-saliva. Os jogadores-treinandos interagem verdadeiramente com os conteúdos apresentados, fazendo uma correlação direta com o dia a dia.

Quem vence esse jogo?

Ciência e prática. Educação e experimentação. Pensar, sentir e agir. As práticas gamificadas aplicadas ao desenvolvimento aliam os conceitos formulados pela neurociência às experiências da aprendizagem, gerando uma fórmula de transformação sustentável.

O nome do jogo é gamificação. Os ganhos para as empresas podem ser medidos em termos de transformações culturais e mudanças de comportamento. Quanto aos benefícios para os colaboradores, abrangem o desenvolvimento pessoal e o profissional. Ao jogar, os participantes têm a oportunidade de estimular todas as camadas do cérebro, completando o percurso que leva às grandes conquistas: agir/vivenciar (cérebro reptiliano), sentir (límbico) e refletir/racionalizar (neocortical).

Referências

ALVES, Flora. *Gamification: como criar experiências de aprendizagem engajadoras.* São Paulo, DVS, 2015.

BRANQUINHO-SILVA, Aline. *Neurociência e aprendizagem: conhecer o cérebro para aprender mais e melhor*. eBook Kindle, 2016.

GUERRA, Leonor B.; CONZENZE, Ramon M. *Neurociência e educação: como o cérebro aprende*. Porto Alegre: Artmed, 2011.

HERCULANO-HOUZEL, Suzana. *A vantagem humana: como nosso cérebro se tornou superpoderoso*. São Paulo: Companhia das Letras, 2017.

HERCULANO-HOUZEL, Suzana. *Pílulas de neurociência para uma vida melhor.* São Paulo: Sextante, 2009.

MACLEAN, Paul D. *The triune brain in evolution role in paleocerebral functions.* Plenum: New York, 1990.

Capítulo 3

Educação 5.0: a gamificação como ferramenta metodológica no processo ensino-aprendizagem

É preciso um olhar mais ampliado para esse movimento. O protagonismo que por muito tempo foi defendido nas teorias precisa ser praticado agora, temos diante de nós um campo pronto para exercermos as transformações que idealizamos por anos. Indiscutivelmente, o momento é oportuno, para a gestão da aprendizagem ser assumida pelos "aprendentes" e todo processo de fomentação e mediação pelos "ensinantes" tornando, assim, a aprendizagem uma experiência de ambos.

Valderez Loiola

Valderez Loiola

Mentora, educadora, empreendedora e palestrante. Criadora do Método S.E.R, aplicável às pessoas e negócios. Coautora do *best seller Mapeamento Comportamental* - Ed. Literare Books, 2019, que, por meio do autoconhecimento, congrega técnicas para impulsionar e inspirar pessoas; e do livro *Profissional de Alta Performance* - Ed. Literare, 2020, que narra a perspectiva do cenário corporativo sob o ponto de vista de desenvolvimento pessoal. *Coach* do programa *Transformação Humana – Pessoas e Negócios*, que proporciona um *mindset* de crescimento com o auxílio de metodologias ativas em serviços corporativos, educacionais e atendimentos individuais. Como educadora, tem paixão por apoiar instituições de ensino na busca por inovações pedagógicas. Na área social, é ativista em várias frentes, como a do *Mosaico do Bem*, grupo de voluntários que se unem para apoiar as pequenas instituições que fazem o bem. Coordenadora do *Mulheres de Negócios*, grupo que está em expansão e tem por finalidade contribuir para o desenvolvimento do empreendedorismo feminino, apoiando e qualificando mulheres para o mundo dos negócios.

Contatos
Fanpage: Valderez Loiola- Transformação Humana
Instagram: @valderezloiola

Se na Educação 4.0 a aprendizagem estava intrinsecamente ligada à tecnologia e suas inovações, o conceito se amplia e faz curva exponencial para a Educação 5.0, em que a essência humana começa a ser o ponto forte. Nunca foi tão necessário estudar, mapear, desenvolver, aprimorar e personalizar as competências socioemocionais, também conhecidas por *softs skills*. São elas que capacitam o indivíduo para usar a tecnologia de forma saudável e produtiva, criando soluções relevantes para a comunidade e transformando realidades.

A Educação 5.0 também busca entender o impacto da tecnologia no cérebro humano e, consequentemente, a forma como aprendemos nos dias atuais. Embora o conceito ainda esteja em desenvolvimento e em debate por especialistas da educação, já é possível entender como a Educação 5.0 tem forte relação com a cultura empreendedora.

Em toda narrativa histórica da humanidade, o homem sempre esteve muito ligado aos jogos. Da vida social à laboral, o jogo sempre desempenhou papel de relevância para os saltos de desenvolvimento humano. No processo educacional, por exemplo, os jogos foram artifícios de ensino. O conceito é mais abrangente e tem a capacidade de transformar o processo de ensino-aprendizagem, inclusive no Ensino Superior — especialmente em um momento no qual as práticas tradicionais baseadas em um eterno monólogo são, cada vez mais, questionadas.

Como, então, transformar o sistema de ensino e tornar a sala de aula instigante para os alunos? A resposta está no protagonismo discente, em que o aluno se torna gestor na construção do próprio conhecimento. Para tanto, é preciso ter criatividade na educação e utilizar estratégias que incentivem a participação efetiva do aluno, como é o caso da gamificação.

Vamos entender definitivamente o que esse conceito significa e por que você deve encorajar a aprendizagem utilizando-o nas práticas pedagógicas cotidianas.

A gamificação no processo de ensino-aprendizagem

Diferentemente do que muita gente imagina, a estratégia de gamificar as aulas não envolve necessariamente trabalhar com jogos. A ideia é transformar as aulas em uma grande experiência gamificada, criando regras que transformam a aula em um grande jogo.

O potencial da gamificação na educação é imenso, uma vez que desenvolve competências socioemocionais que farão total diferença no aprendizado. Ao utilizar o *design* dos jogos em atividades pedagógicas, a sala de aula passa a ser um ambiente atraente e desafiador na busca pelo conhecimento. Além disso, haverá aumento da participação, melhora na criatividade e autonomia, promoção do diálogo e foco na resolução de situações-problema.

O mais importante da gamificação é que o professor veja a estratégia como um combustível da aprendizagem. Para tanto, ele deve associar os conteúdos a missões e desafios que façam os alunos se movimentarem o suficiente para ampliar o aprofundamento nos assuntos. Os avanços da tecnologia, porém, têm favorecido que a gamificação fique mais arrojada. Lousas interativas, *tablets* e os próprios *smartphones* são ferramentas que podem ser associadas à gamificação, o que deixa o processo ainda mais interativo.

Mas não podemos ficar restritos aos meios "tecnológicos" justamente para que a ideia de 5.0 seja de fato aplicada. Por exemplo, a leitura e a interpretação de um texto podem se tornar mais interessantes a partir do momento em que o professor retira elementos importantes da interpretação e os "gamifica". Especialmente quando há a expectativa de que o aluno se expresse de forma autêntica, em um tipo de comunicação espontânea, com pouco direcionamento por parte do professor, o jogo é apenas uma possibilidade.

A gamificação como ferramenta metodológica para favorecer a aprendizagem

A grande questão é que o mundo mudou e hoje vemos uma geração de jovens adultos hiperconectada. Com várias nomenclaturas para designá-los — geração Y, Z, Millennials, Alphas Cyber híbridas, o fato é que eles não sabem o que é viver sem a *internet* e facilmente têm acesso a todas as informações de que precisam. Não é necessário que ninguém conte a eles.

Modernizar a educação envolve modificar completamente a estrutura da sala de aula, reconstruir o projeto político-pedagógico e, principalmente, incorporar de vez a tecnologia na gestão acadêmica. Ou seja, são transformações exigentes que demandam altos investimentos de equipamentos e capacitação profissional. Os jogos permitem experimentar os conteúdos na prática e têm propósito similar ao de outras metodologias ativas, como sala de aula invertida, *peer instruction* (instrução aos pares) e aprendizado baseado em problemas. Em todas elas, o aluno se torna agente na produção do próprio conhecimento, uma vez que o avanço no aprendizado depende de uma atitude proativa e voluntária.

No fim dos anos 1960, o pesquisador e educador norte-americano Edgar Dale desenvolveu o que chamamos de "cone da aprendizagem" (*cone of learning*) ou Pirâmide de Willian Glasser.

Fica evidente, ao analisarmos os diagramas, que é necessário o aprendiz deixar a passividade e assumir a gestão do processo da aprendizagem. Ao viver as experiências da aprendizagem, seja lá qual for o método que ele decida usar: dramatizando uma apresentação ou fazendo algo real, tem chances de reter até 90% de tudo que está sendo abordado. Ao participar de discussões ou dar uma palestra, esse nível de *performance* também é razoável, em torno de 70% de retenção. Contudo, quando um aluno é exposto às informações de forma passiva (ouvindo alguém falar, assistindo a um filme ou vendo uma apresentação), a porcentagem de retenção fica entre 50% e 20%. Se o estudante precisa se dedicar exclusivamente à leitura de algum texto, ele não consegue reter mais que 10% das informações.

É preciso ver além...

Learning by doing e *lifelong learning* são conceitos que precisamos internalizar cada dia mais, sem falar da sua aplicabilidade metodológica como prática pedagógica, andragógica e heutagógica. Cada vez mais, os conceitos de autonomia e autogestão são necessários aos aprendentes, independentemente do ciclo de aprendizagem em que estes indivíduos estejam inseridos. Óbvio que é fundamental a posologia indicada para cada ciclo, e quem faz esta prescrição é o mediador deste processo, a saber: o professor. A aprendizagem colaborativa promove o desenvolvimento do pensamento crítico por meio da discussão, da explicação e da avaliação das ideias dos outros.

Assim, o envolvimento dos aprendizes em interações significativas mostra-se como um componente fundamental dos processos de aprendizagem. A gamificação pode explorar qualidades cognitivas, sociais, culturais e motivacionais do aprendiz, auxiliando na motivação das pessoas, fazendo com que percebam diretamente o impacto do seu aprendizado ou do treinamento que realizam em seu trabalho. Além dessa percepção, a gamificação pode envolver o aprendiz e incentivá-lo ao estudo e à reflexão crítica na medida em que permite interação e colaboração.

É importante destacar que a cooperação e o envolvimento são fatores-chave para o sucesso da aplicação dos jogos em sala. A atividade proposta funciona também como forma de estreitar o relacionamento entre os alunos, fazendo-os com que se sintam envolvidos no processo de aprendizado dos colegas de sala. A gamificação estruturada na forma de *quiz* tem potencial significativo no contexto de ensino-aprendizagem com bons atrativos para alunos da geração Z, permitindo ampliar o espaço de aprendizagem para além da forma tradicional, em que o professor é o sujeito ativo no processo de ensino, proporcionando a interação entre o conhecimento e a aprendizagem.

Os estudos possibilitam concluir que alunos da geração Z são influenciados de forma positiva pela gamificação, incentivando a aprendizagem, motivando a procurar novos desafios e proporcionando um ensino menos engessado e mais divertido. Ao utilizar a técnica de gamificação, o estudante vivencia a aprendizagem como um jogo, com o uso das metodologias ativas, tornando-se protagonista do seu processo de aprendizagem e desenvolve maior autonomia para explorar novos conhecimentos. Ele deixa de ser um elemento passivo para ser também gerador de conhecimento.

A gamificação na BNCC

As competências gerais da BNCC apontam para uma formação integral do aluno, visando à construção do seu projeto de vida, o protagonismo juvenil e a continuidade dos estudos. Para assegurar que as competências sejam desenvolvidas pelos estudantes, são divididas em habilidades e buscam apresentar os conteúdos e conceitos que o discente deve desenvolver ao longo de sua trajetória escolar. As habilidades são divididas para cada componente curricular, devendo ser adaptadas ao contexto de cada instituição de ensino. Ouso dizer que apenas em um processo bem-feito de gamificação no processo de ensino seja possível atingir 100% das competências gerais abordadas pela BNCC. O investimento no processo metodológico está relacionado diretamente ao grau de assertividade almejado.

Veja as competências gerais da BNCC escaneando com seu celular o QR *code* abaixo:

A educação mudou. E a sociedade?

A nova era da Sociedade 5.0 passa pela compreensão de que tudo no futuro estará conectado e que a sociedade terá de se adaptar. Em vez de inimigos, os sistemas inteligentes serão usados para combater o envelhecimento, reduzir as desigualdades sociais, a limitação da energia elétrica e melhorar a segurança pública. Isso sem falar na solução de problemas ocasionados por desastres naturais. O conceito de Sociedade 5.0 nasceu no Japão em 2016, quando o governo lançou o 5.º Plano Básico de Ciência e Tecnologia. Trata-se de um documento que define políticas de inovação a serem estimuladas pelo país até 2021. Antes de mais nada, é preciso entender a complexidade dos tempos atuais. Segundo José Morgado, até os anos 1980, nossa sociedade vivia sob o paradigma imunológico, que defendia a ordem por meio da eliminação de tudo o que fosse estranho ao 'organismo'. Na escola, esse pensamento se refletia em disciplina, controle e submissão dos alunos à hierarquia vigente. A migração para o paradigma neuronal, que vivemos hoje e que é caracterizado pelas interações em redes e em camadas, fez-nos passar de sujeitos de obediência a sujeitos de produção. Nesse contexto, a Educação 5.0 se caracteriza como uma evolução do conceito anterior "É um modelo educativo que vai além de integrar a tecnologia à educação, associa os conceitos e as habilidades cognitivas às competências emocionais". Uma sociedade avançada só funciona para uma escola avançada. Leia-se escola como todo processo de ensino-aprendizagem. Neste novo modelo de educação, o professor inspira; o aluno lidera.

Capítulo 4

A gamificação como forma de engajamento e estímulo às práticas colaborativas

Em um cenário de volatilidade e incertezas, o ambiente de aprendizagem organizacional precisa ter sua forma constantemente revista para que a autopercepção motive os indivíduos a despertar seu engajamento para atuar em colaboração diante da complexidade das relações.

Cibele Ribeiro Arnaldi

Cibele Ribeiro Arnaldi

Acredito que de forma leve, colaborativa e genuína podemos colocar nosso propósito a serviço de um mundo mais humano e justo para todos. Tenho experiência de 15 anos na Área de Desenvolvimento Humano Organizacional: Metodologia DISC e Eneagrama; *Design Thinking*, Método *Scrum*, Processos Colaborativos, Planejamento Participativo Método I.D.M.; Comunicação Não Violenta (CNV) e Gestão de Conflitos. Atuo em programas de desenvolvimento da Liderança, projetos de Gestão da Mudança, Mapeamento de Competências, Programas de Comunicação e Apresentações Assertivas. Alguns clientes: Leroy Merlin, The Estée Lauder Companies, Decathlon, Bradesco, Givaudan, CNHI, Suzano, Ornare, Pirelli, Onofre, Grob, Siemens, Cargill, entre outros. Sou formada em Engenharia Agronômica pela ESALQ/USP, com mestrado pela UNESP/Botucatu. Tenho MBA em Gestão Estratégica de Pessoas e *Master Leadership*/FGV, Mediação de Conflitos pela Mediativa, CNV pela Sinergia, entre outras formações na área de DHO.

Contatos
www.sensesaprendizagem.com.br
cibele@sensesaprendizagem.com.br
Instagram:
www.instagram.com/cibelearnaldi
www.instagram.com/sensesaprendizagem
LinkedIn: www.linkedin.com/in/cibele-arnaldi-2318b827
+55 (19) 97114-3492

Um olhar sobre o contexto de mundo

Está posto que o que trouxe as organizações até aqui não vai garantir levá-las ao próximo estágio de desenvolvimento e crescimento. É preciso repensar a forma como estamos produzindo e nos organizando.

É preciso rever a forma como estamos gerando engajamento nos indivíduos que compõem a organização para atender aos novos desafios que o novo cenário do mundo VUCA vem requerendo.

Mas o que é Mundo VUCA? VUCA é um acrônimo que surgiu no vocabulário militar americano na década de 1990 para retratar os cenários instáveis e complexos em que as tropas atuavam. Posteriormente ganhou força no contexto dos negócios e se aplica hoje a qualquer organização que atua com gestão de riscos em cenários complexos e altamente dinâmicos.

A sigla VUCA, ou em português VICA, significa atuar em um mundo Volátil, Incerto, Complexo e Ambíguo, o que se encaixa perfeitamente no momento de complexidade das relações da nossa sociedade contemporânea.

O chamado desse mundo VICA requer que indivíduos e organizações estejam preparados, com prontidão para não apenas reconhecer o ambiente instável, mas principalmente saber como lidar e atuar diante dessa volatilidade e interdependência das relações.

O caminho para engajar os indivíduos nesse chamado é atuar em colaboração, criando ambientes de autodesenvolvimento sustentáveis nos quais a autonomia com responsabilidade impulsione as expectativas de carreira, bem como projetando as organizações na busca pelos resultados do negócio.

Revendo a forma como aprendemos

Se a organização é o pulsar dos indivíduos que a compõem, é preciso ampliar o olhar sobre como estão sendo criados e estruturados os ambientes de desenvolvimento desses indivíduos. Como essas pessoas estão interagindo para atuar com prontidão para atender às mudanças constantes do cenário organizacional?

Vamos refletir juntos: quantas vezes você participou de algum treinamento presencial ou em formato online e, ao terminar, pensou: "Como vou pôr todo esse aprendizado em prática?"

Se você refletiu e se reconheceu na pergunta anterior, fique tranquilo. Você não está sozinho.

McCall, Eichinger e Lombardo, do Center for Creative Leadership, na Carolina do Norte (EUA), mapearam na década de 1990 que o desenvolvimento de pessoas gerado em ambientes formais se potencializa quando é vivido na prática, pautado pela autonomia responsável.

Esse estudo resultou no conceito 70:20:10, que diz que a aprendizagem é potencializada pelas inúmeras oportunidades de experiências vivenciadas que irão sustentar as mudanças requeridas pela necessidade do aprendizado gerado.

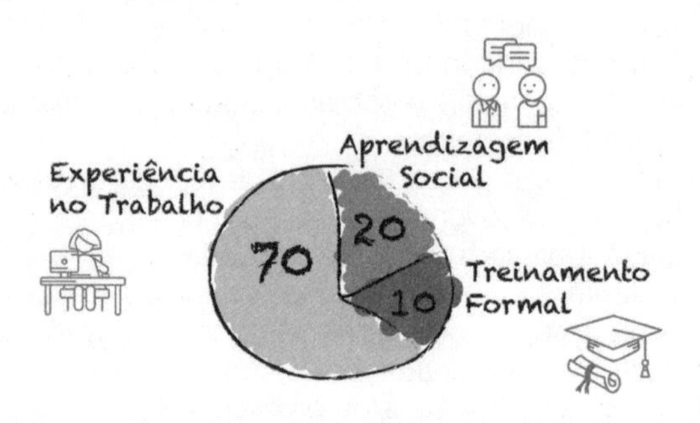

Por esse conceito, 10% do aprendizado é proporcionado em ambientes formais de aprendizagem (como salas de treinamento), 20% é estimulado em ações de troca de práticas com os outros (como, por exemplo acompanhamentos de mentorias) e 70% de todo aprendizado gerado é potencializado na prática, com ações estruturadas a partir de acordos (por exemplo, feitos nos momentos dos 10%, dos 70:20:10).

Este é um dos maiores desafios da área de treinamento e desenvolvimento de pessoas: sabendo que não aprendemos apenas no ambiente formal de sala de treinamento, como fazer com que esse aprendizado seja potencializado e vivido na prática pelos indivíduos?

O chamado para o despertar da autopercepção está relacionado à forma como a ciência propõe que iremos atuar nas próximas décadas. Segundo Frederic Laloux (2017) em seu livro *Reinventando as Organizações*, o desafio será gerir os sistemas complexos, auto-organizados, autogeridos e adaptativos de maneira a gerar maior conexão entre os 3 níveis de aprendizagem contidos no conceito 70:20:10.

Uma das maneiras de potencializar essa conexão é por meio da competência (*soft skill*) Colaboração, definida pelo Fórum Mundial de RH como uma das 5 principais competências que irão impulsionar o engajamento genuíno das pessoas para a geração de valor no ambiente de trabalho.

Dessa forma, a colaboração é a forma mais eficiente para engajar os indivíduos, a autonomia e a interdependência são esteios para navegar no novo cenário de mundo, e a gamificação se coloca como insumo para estimular a autopercepção, criando corresponsabilidade para a prática consciente do caminho individual de transformação.

Estimulando a autopercepção

Como os jogos-treinamento podem estimular o ambiente de aprendizagem a partir da autopercepção?

Treinamentos baseados em gamificação propiciam espaços seguros para que os indivíduos reflitam sobre seus comportamentos, despertando a necessidade de transformação. De acordo com Flora (2015), a gamificação ajuda a tornar a aprendizagem mais atrativa, engajadora, divertida e efetiva.

Lembre-se, estamos potencializando os 10% da aprendizagem formal, de maneira a promover o engajamento por meio da autopercepção das mudanças comportamentais desejadas, criando assim musculatura para sustentar tais mudanças a serem implementadas na prática.

É importante ressaltar que não mudamos ou transformamos comportamentos de maneira aleatória. Fazemos isso porque estão sendo exigidas necessidades pessoais e/ou profissionais para o autodesenvolvimento, assim como para o desempenho do negócio.

Para mudar a forma como agimos, é preciso fazer com que o indivíduo se perceba em ação.

Ou seja, a partir de ambientes lúdicos fora da zona de conforto de seu ambiente de trabalho e/ou pessoal, ele deve ser capaz de perceber os comportamentos e/ou atitudes que estão impactando seus resultados e, consequentemente, influenciando seu engajamento.

É fundamental atuarmos com o *mindset* em desenvolvimento, ou seja, construir e reavaliar constantemente as nossas referências e modelos mentais de aprendizagem para não ficarmos presos às práticas ultrapassadas e inconclusivas de desenvolvimento, com percepções desconectadas da realidade em transformação.

Esse *mindset* em desenvolvimento exige rever constantemente nossos modelos mentais.

Um breve mergulho na neurociência

O que são modelos mentais? São importantes mecanismos cerebrais que criamos para que nosso cérebro siga comandos preestabelecidos e interaja de forma mais ágil. Para isso, utilizamos as experiências passadas para condicionar o momento presente. Em algum momento de nossas vidas, tivemos experiências com determinado contexto e criamos um modelo mental definido para todas as vezes que a situação for similar.

Apesar de compreender que esses modelos mentais fazem com que entreguemos resultados, é preciso perceber se estão sendo utilizados com base em escolhas pertinentes e de acordo com o momento que vivemos.

Pois bem, voltando ao nosso tema, que é como gerar engajamento a partir da autopercepção que estimule as práticas colaborativas, pergunto a você: qual será o seu modelo mental quando falamos de treinamento em ambiente corporativo? E, ainda, como devem ser os treinamentos para gerar engajamento e estimular as práticas colaborativas?

Provavelmente você vai se recordar de treinamentos de que participou no formato de alguém detentor de conhecimento repassando-o aos outros, em uma sala padrão com mesas e cadeiras, uma tela de projeção, uma apostila e muita saliva.

Em uma resposta rápida, esse é o modelo mental. Entretanto, é muito provável que esse formato não impulsione os 10% da aprendizagem formal (do conceito 70:20:10), muito menos proporcione reflexões que sustentem as mudanças comportamentais geradas pela autopercepção e autorreflexão.

É aqui que os jogos-treinamento que utilizam a gamificação se colocam como o grande alicerce para construir cenários convidativos que estimulem a autopercepção das necessidades de mudanças comportamentais que irão projetar as práticas colaborativas.

Dessa forma, potencializaremos os 10% da aprendizagem formal, criando círculos virtuosos de desenvolvimento e crescimento.

Em se tratando de engajamento, é fundamental termos em mente dois pontos. O primeiro é que o engajamento é algo intransferível, ou seja, eu não posso transferi-lo para alguém, porque o engajamento é uma percepção e construção individual.

O que nos leva ao segundo ponto: engajar pessoas não é algo coletivo, apesar de tentar ampliar coletivamente o engajamento. Cada indivíduo tem o próprio tempo de percepção, que está correlacionado ao seu estado de prontidão e disposição.

O engajamento aumenta quando as pessoas se apoderam do processo de que estão participando. Quanto mais compartilharmos aprendizados e experiências, mais fortalecemos os elos da aprendizagem colaborativa.

Fortalecendo a colaboração e o pertencimento por meio da gamificação

A tendência natural do ser humano é viver em grupos. De forma resumida, nossa sociedade se estabeleceu a partir do momento em que os nômades, nos tempos remotos, se fixaram e passaram a trabalhar e viver coletivamente e assim conquistar resultados provenientes do esforço coletivo.

A sociedade se transformou, passamos por inúmeras formas de nos organizar e de produzir para atingir os resultados. Logicamente, em cada fase eram requeridos conjuntos de comportamentos e atitudes pertinentes ao contexto para sustentar os ciclos de produção e continuidade da cadeia.

Agora, no cenário complexo e incerto em que estamos atuando, impulsionar os resultados cada vez mais desafiadores requer que os indivíduos atuem com a utilização de práticas colaborativas.

De acordo com Sinek (2015), a colaboração é o grande elo estratégico para que os líderes se posicionem junto de suas equipes para potencializar a cultura de uma empresa de forma sistêmica, conectando os valores pessoais aos valores da organização.

A colaboração é a forma mais genuína de proporcionar pertencimento aos indivíduos, condição primordial para sustentar uma sociedade, um grupo, um time.

Precisamos sentir também, no ambiente organizacional, que pertencemos a uma equipe, que participamos de suas decisões e resultados. Dessa forma, compartilhamos conhecimento, experiências e boas práticas, o que é a base para que a colaboração seja vivida por todos, impulsionada pela autopercepção que promove o desenvolvimento das pessoas.

Em minha prática como consultora de Desenvolvimento Humano Organizacional, tive a oportunidade de criar, conduzir e experienciar vários formatos de jogos-treinamento em diversas organizações com culturas e negócios distintos.

Em todas as oportunidades, as práticas colaborativas, quando estabelecidas a partir da autopercepção e proporcionadas pela vivência em jogos-treinamento gamificados, fizeram com que os indivíduos se apoderassem, de fato, do seu papel de protagonistas pelo autodesenvolvimento.

Fazer viver as práticas colaborativas em um grupo ou equipe proporciona o crescimento sustentável do negócio, pois todos são parte da solução, assim como da busca pelos resultados.

Transformar os ambientes de aprendizagem corporativos em jogos-treinamento faz com que, de forma inovadora, criativa e desafiadora, se estabeleçam pontes verdadeiras de aprendizagem entre a ludicidade do *game* e as necessidades de transformação das rotinas diárias do ambiente organizacional.

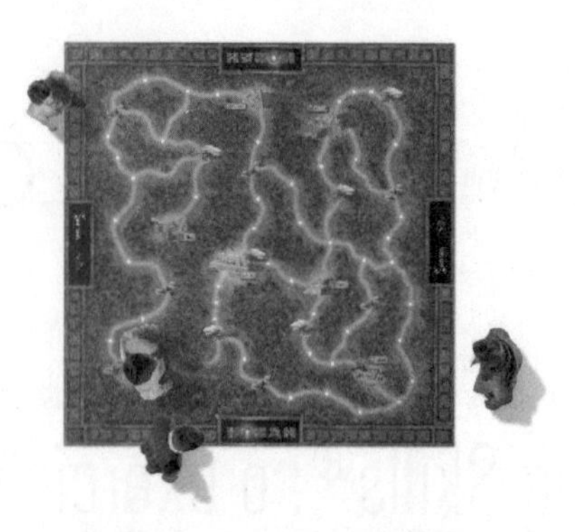

Tabuleiro do Jogo-treinamento Gamificado Kabah, da consultoria Senses Aprendizagem.

Para jogar, é preciso participar. Os jogos-treinamento precisam ser fáceis, ter regras simples e aplicáveis ao ambiente em execução. Afinal, o grande *input* é gerar o engajamento dos indivíduos e fazer com que eles, juntos, possam vivenciar as práticas do aprendizado colaborativo, conforme Flora (2015).

Compartilhar o aprendizado e o conhecimento, atuar na transparência das relações, fortalecer vínculos e criar oportunidades para a autopercepção e autorreflexão da mudança comportamental é o que irá impulsionar as organizações nos cenários futuros de cada negócio.

Aqui fica o meu convite: no seu próximo treinamento corporativo, se inspire na gamificação e transforme o ambiente formal de aprendizagem em um lugar para que todos possam, com transparência, aderir e experienciar novas formas de aprender e praticar a colaboração.

Referências

ALVES, Flora. *Gamification: como criar experiências de aprendizagem engajadoras*. São Paulo. DVS, 2015. 172 p.

DWECK, Carol S. *Mindset: a nova psicologia do sucesso*. São Paulo. Objetiva, 2017. 310 p.

LALOUX, Frederic. *Reinventando as organizações: um guia para criar organizações inspiradas no próximo estágio da consciência humana*. Curitiba. Voo, 2017. 343 p.

SINEK, Simon. *Líderes se servem por último: como construir equipes seguras e confiantes*. São Paulo. HSM, 2015. 320p.

Capítulo 5

Game Skills®: o exercício do autoconhecimento com jogos de competências e emoções

O Game Skills® é um processo aplicado em grupos utilizando mecanismos lúdicos, com jogos empresariais que estimulem o exercício de *soft skills* e emoções. Uma sequência de aplicação de jogos com regras definidas para um ciclo de aprendizado vivencial. Um formato inovador em que cada participante percebe o próprio desempenho e os respectivos resultados em grupo. Foi desenhado e registrado no INPI com a SIC Gestão em Recursos Humanos.

Amanda Alcântara

Amanda Alcântara

Baiana, sócia-diretora da SIC Gestão em RH. Sensibilizar, Instruir e Construir são os seus pilares. Graduada em Serviço Social e especializada em Administração de Recursos Humanos, certificada em Eneacoaching pelo Instituto de Eneacoaching de Lisboa, com Formação em Eneagrama Shalom pelo Instituto Eneagrama Shalom Brasil/Portugal. *Master* em PNL pela Sociedade Brasileira em PNL. Executiva atuante em grupos de desenvolvimento de equipes e liderança. Consultora e especialista em Gestão de Recursos Humanos, com foco em desenvolvimento comportamental e especialista em jogos vivenciais. Tem experiência de 25 anos em gerenciamento de RH e treinamentos vivenciais na América do Sul e Portugal. Atuou 20 anos como Executiva de RH em empresas como AMBEV, Lear do Brasil e DASA. Facilitadora LEGO® SERIOUS PLAY® e Focus Play. Criadora do processo de desenvolvimento Game Skills®.

Contatos
www.sicgestaorh.com.br
amandaalcantara@sicgestaorh.com.br
Instagram: @asva5/ @sigestaorh/ @games_skills_ciclovivencial

Trabalhando com gestão de pessoas, aprendemos que o universo da educação em sala de aula ou em treinamentos corporativos precisa ser centrado na necessidade real de cada participante. A disponibilização do conhecimento deve atender às exigências do cotidiano e ser adequada à evolução da era exponencial.

Vivenciar, rotineiramente, os modelos corporativos de treinamento voltados para desenvolvimento de profissionais em grandes, médias e pequenas empresas facilitou a minha percepção de que o objetivo é sempre ampliar a capacidade deles na tomada de decisão certa e da atitude proativa para evolução de resultados organizacionais. Isso nos faz pensar que processos aplicados para o desenvolvimento que estimulem a reflexão e proporcionem vivência do autoconhecimento podem trazer resultados mais rápidos e conectados com o propósito individual e organizacional. Como trabalhar atitude sem autoconhecimento?

O mundo de gestão de pessoas usa um termo em inglês, *Soft Skills*, para definir habilidades comportamentais, que são competências subjetivas e difíceis de avaliar. As habilidades previstas como essenciais para o futuro do trabalho já foram pauta do Fórum Econômico Mundial de 2018 e lá também foram elencadas as que serão essenciais para a era exponencial. É interessante perceber o quanto é necessário o autoconhecimento para a prática das habilidades previstas: pensamento analítico e inovação; aprendizagem ativa; criatividade, originalidade e iniciativa; orientação para serviço; pensamento e análise críticos; solução de problemas complexos; liderança e influência social; inteligência emocional; raciocínio para resolução de problemas. As habilidades listadas dependem da interação dos movimentos em conjunto de atitude, propósito, técnica, iniciativa, proatividade e adesão ao novo mundo 4.0, alimentado com altas tecnologias e serviços inovadores.

Apesar de todos os recursos e métodos que norteiam a capacidade de gestão por resultados organizacionais, para esse direcionamento seriam milhares de páginas descritas para compor o passo a passo de atitudes esperadas por cada profissional. Como desenvolver atitude para cada problema complexo?

A necessidade de adaptação de novos modelos para o aprendizado vivencial e o desenvolvimento de atitudes requeridas para *soft skills* foi a base da ideia para construção do processo do Game Skills®. O modelo consiste na aplicação de uma sucessão de jogos por equipe, em formato de competição ou colaboração em um período predeterminado de tempo. O mais aplicado hoje é um roteiro de 6 (seis) jogos aplicados em 8(oito) horas, de forma sucessiva, simultânea e integrada com um desafio para cada grupo, que é dividido em subgrupos. São metas por subgrupo e uma coletiva. Uma jornada sucessiva de rodadas dos jogos de habilidades e emoções, conectados com uma meta coletiva, com vários desafios por subgrupo, que se cruzam nas rodadas de jogos. As conquistas são premiadas a cada rodada.

Todos os jogos, para serem utilizados, precisam da indicação de competências *soft skills* a serem trabalhadas e também, a cada um deles, o estímulo associado ao surgimento de emoções básicas. O mais importante é o mapa do desejo de reflexão, o objetivo ciclo do vivencial e o impacto na dinâmica do trabalho. Uma lista de perguntas para que os participantes respondam de acordo ao que vivenciaram.

Cada jogo, para ser disponibilizado ao processo do *game skills*, é pensado de forma muita detalhada. Cada regra é elaborada de acordo com a competência a ser explorada. Ou seja, conforme o objetivo da autorreflexão a ser estimulada e competência a ser explorada existirá a construção da regra ou das regras específica(s). Os jogos, por exemplo, damas, baralho e de tabuleiro são adaptados e reconstruídos em formato gigante. Da mesma forma, para o estímulo de surgimento das emoções, muitas vezes, acrescentar uma nova regra em um jogo muito explorado no mercado, como o de damas, é um gatilho para surgimento de resistências, raiva, tristeza e transferências de culpas.

Em uma das aplicações do Game Skills®, em que realmente foi aplicado um jogo similar ao de damas, e acrescida à regra de quando uma dama era conquistada existia a possibilidade de retorno de alguma peça já excluída, foi o suficiente para que equipes resistissem à mudança, julgando a regra como injusta. No ciclo de aprendizado vivencial, perceberam o quanto ficaram restritos ao que já conheciam como certo e como resistiram, internamente, ao processo de mudança. Outros aprendizados: saber ouvir, proatividade, inovação, pensar fora da caixa, oportunidade de reaprender etc.

Quando olhamos um jogo, teoricamente, existe uma faceta tradicionalmente competitiva. Quando aplicamos um jogo no game skills®, exploramos o comportamento do ser humano, nem sempre o objetivo é a competição. Todavia, muitos participantes se sentem estimulados a disputarem com os outros e investirem em todas as ferramentas possíveis para vencerem o confronto. Imaginem a riqueza do ciclo de aprendizado vivencial e o momento estimulante à reflexão de crenças que alavancam ou limitam comportamentos. É um processo contínuo de auto-observação com a utilização do efeito lúdico.

Para inserção de regras no jogo, utilizamos também o conceito de Emoções Básicas descritas por Eric Berne: medo, alegria, raiva, tristeza e afeto.

As regras de obstáculos têm como consequência a raiva e podem levar à agressão, superação ou defesa; as de perigo levam ao medo e, consequentemente, à fuga ou à luta; regras que levam à perda geram tristeza; alguns momentos são de paralisação e outros de recuperação; regras de conquistas geram alegria e aproximação; regras de contato geram afeto, conjugação e colaboração. A palavra emoção vem do latim *emovere*: o "e" significa energia, enquanto "movere" significa movimento, existe para movimentar a vida. O que fazemos quando a emoção surge? Qual a reação? Este é mais um processo de auto-observação.

Segundo Eric Berne, existe a visão de que devemos procurar a alegria, propagar o afeto, guardar a raiva, esquecer o medo e abandonar a tristeza. Essa afirmação é fácil de encontrar prática no dia a dia. É uma crença que nos limita e, lidando com cada uma delas, podemos entender qual comportamento que conectamos quando estimulados e que todas são de igual importância, o que precisamos é identificar os gatilhos e canalizar o nosso comportamento para aquele que achamos importante, sem julgar que são bons ou ruins, mas essenciais à vida humana. Com o Game Skills®, acreditamos que os jogos podem canalizar para a identificação de uma emoção autêntica.

Para aplicação do Game Skills®, o facilitador é um elemento importante para o sucesso. A sua principal função é a de coordenar as equipes de jogadores e orientá-las nas regras, discussões, análises e avaliações das jogadas possíveis. Ele não interfere nas decisões e caminhos, mas tem o papel de observador e construtor das perguntas que levarão à reflexão dos participantes ao final do *game*. Alguns jogos permitem até que o facilitador introduza elementos adicionais ao longo do jogo, de modo a proporcionar alterações em uma ou em várias das características do ambiente onde ocorre a vivência entre os participantes. É imprescindível que o facilitador conheça o objetivo de cada *game* na aplicação das competências e tenha expertise em reconhecer a presença das emoções e suas respectivas consequências, até para neutralização em caso extremo de manifestação. Chamamos os facilitadores do Game Skills® de *growers*.

Um *grower* deve ter expertise em gestão de pessoas, com formação básica em aplicação de jogos. Ele participa, efetivamente, de trocas de experiências na condução prática dos jogos do *game skills*. Tem plena consciência de que tudo que é estimulado com os *games* deve ser tratado como aprendizado. Um *grower* faz perguntas-chaves, nunca apresenta conclusões do que é certo ou errado. O papel dele é conduzir a regra de cada *game*, mudar a regra quando necessário e aplicável e fazer perguntas em analogia ao dia a dia para o planejamento das ações do futuro. Todo *grower* é certificado e treinado no processo e no objetivo de cada roteiro aplicado. Ele assume a responsabilidade de realimentar todo o processo.

A utilização do CAV- Ciclo de Aprendizado Vivencial é o momento crucial de toda aplicação. Não existe aplicação de Game Skills® sem esse momento. É um espaço para todos analisarem suas *performances* no jogo e momento de identificar competências, emoções, reações e pontos relevantes dos jogadores. Existe a utilização de um roteiro que mescla objetivo de cada *game* com a construção de perguntas realizadas pelo *grower*, para discussão em equipe e das conclusões em painéis. Vale lembrar que o *grower* atua como facilitador e não interfere no processo do grupo.

Resumo das etapas do Game Skills®:

a. Identificação das competências a serem trabalhadas;

b. Associação a algum tema marcante e lúdico;

c. Adaptação de jogos ou criação;

d. Associação de emoções possíveis nas regras dos jogos;

e. Aplicação de jogos de forma sucessiva (separação de equipes, cruzamento de equipes com roteiro para cada momento);

f. Paradas estratégicas para discussão do Ciclo de Aprendizado Vivencial;

g. Registro do compromisso ao futuro - utilização de âncoras (hinos, termos, pinturas);

h. Recorrência ao contrato individual e coletivo (de acordo ao objetivo) – pós-Game Skills®.

Usar o lúdico de forma sequenciada para autoconhecimento é agregar o sentir, a expressão verbal e corporal, o brincar de forma séria, a competição por resultados e a colaboração. É estimular e exercitar comportamento e depois fazer perguntas para que percebam, após cada jogada, como foram as reações e o que fariam diferente na vida real.

O Game Skills® tem uma sucessão de jogos de competências e emoções e conduz à analogia do dia a dia, estimulando reflexões sobre comportamento individual e coletivo utilizando o ciclo de aprendizado vivencial associado ao planejamento individual e coletivo de ações importantes para o futuro. É um conjunto de estímulos comportamentais com reflexão dos impactos na vida cotidiana e no futuro planejado. É uma forma vivencial de trazer possibilidades para exaltação ou modificação de cada *soft skills* considerado como essencial para as atividades.

> Uma pessoa que se tornou consciente de si mesma está em melhor posição de prever e controlar seu próprio comportamento. O autoconhecimento tem um valor especial para o próprio indivíduo. Uma pessoa que se 'tornou consciente de si mesma', por meio de perguntas que lhe foram feitas, está em melhor posição de prever e controlar seu próprio comportamento.
> (Burrhus Frederic Skinner)

Esta abordagem do psicólogo e escritor americano Burrhus Frederic Skinner estimula que, cada vez mais, a aplicação do Game Skills® não seja somente um momento lúdico e sim processo inovador de apoio para que os participantes se percebam no exercício das competências e emoções. Quando a consciência do comportamento é real, fica mais fácil o gerenciamento delas no futuro.

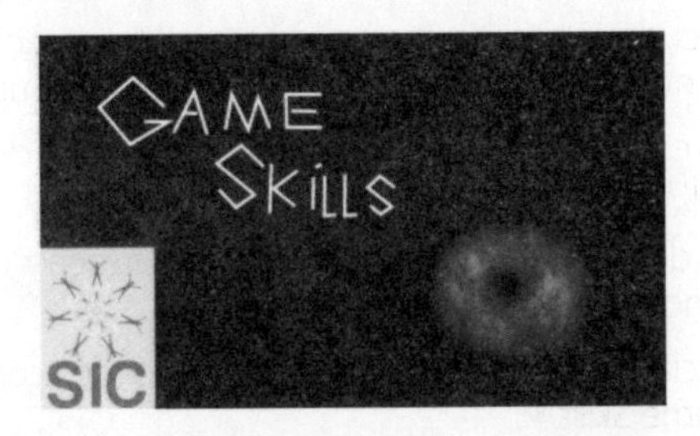

Explorar a reflexão com a vivência de competências e emoções, em uma sucessão de jogos e em um determinado espaço de tempo, com ciclo de aprendizado vivencial e ponte ao futuro.

O processo, além de aplicado como parte de desenvolvimento em grupos organizacionais, foi utilizado como sala temática no Congresso da ABRH-Ba.

GAME SKILLS®: registrado no INPI pela SIC Gestão em Recursos Humanos Ltda.

Referências

BERNE, Eric. *O que você diz depois de dizer olá?*. São Paulo: Nobel, 1988.

ESTADÃO. *Relatório do Fórum Econômico Mundial 2018*. Disponível em:<https://tudo-sobre.estadao.com.br/forum-economico-mundial>. Acesso em: 13 de ago. 2020.

GRAMIGNA, Maria R.M. *Jogos de empresas*. São Paulo: Makron Books, 1993.

Capítulo 6

Gamificação no desenvolvimento de líderes: desafios e aprendizados

Como mudar o padrão tradicional de educação corporativa sem perder a qualidade e a consistência que uma ação presencial nos oferece? Este capítulo irá demonstrar que com planejamento, inovação e flexibilidade é possível criar um programa de desenvolvimento de líderes em uma plataforma de *game* sem perder a riqueza das discussões presenciais e da criação coletiva. A solução está em uma experiência que conecte conhecimento aos desafios práticos do dia a dia.

Janara Ximenes

Janara Ximenes

Psicóloga graduada pela UNIFOR (Universidade de Fortaleza, 2003), com pós-graduação em Gestão do Potencial Humano (UNIFOR) e MBA em Relações e Rotinas Trabalhistas (Devry International). Certificada como *Professional, Self* e *Leader Coach* pelo Instituto Brasileiro de Coaching, *Master Player* em dinâmicas e jogos de mercado. Acreditação pela Discovery Insights e DISC E-Talent para *assessment* e orientação de carreira. Experiência nas áreas de Educação Corporativa e *Business Partner* de organizações de médio e grande porte.

Contatos
janaraximenes@yahoo.com.br
Instagram: @carreira6d_janaraximenes
LinkedIn: www.linkedin.com.br/JanaraXimenes

Na era da conectividade, em que velocidade e abundância de informações são uma constante, as ações de educação corporativa têm o desafio de se tornarem atrativas e atualizadas para apoiar a gestão do conhecimento. Porém essa não é uma missão de uma área da organização, a gestão do conhecimento precisa ser construída por todos e os líderes são fundamentais nesse processo.

Envolver os líderes na construção do conhecimento estimula o protagonismo no desenvolvimento dos times, gera sinergia com a estratégia e objetivos de negócio, além de potencializar o desenvolvimento deles. Mas essa não é uma tarefa fácil. Concordam? Num mundo acelerado, eles têm mais dificuldade de dedicar tempo para si, para a família, enfim, para a sua própria carreira. As prioridades mudam rapidamente e não é possível comprometê-los com ações de longo prazo. O time desafia os líderes aqui e agora, não há tempo a perder.

Torna-se evidente que os programas de formação de líderes pautados pelo modelo tradicional de ensino estão cada dia mais distantes da realidade VUCA (Volátil, Incerta, Complexa e Ambígua) das organizações. Definir horários fixos para aulas e programas têm sido uma experiência, na maioria das vezes, desanimadora. Perdemos muito tempo negociando a melhor agenda e, quando conseguimos, temos dificuldade de reter as pessoas durante todo o período das aulas ou temos um índice de ausência muito grande.

Além disso, a acessibilidade ampla de conhecimento (uso de plataformas virtuais, *e-books*, plataformas de conteúdo em áudio e vídeo) fez com que as pessoas com maior iniciativa e interesse tivessem seu repertório individual ampliado, gerando diferenciação entre as pessoas de acordo com seu "apetite" de aprendizado, dificultando a construção de um conteúdo único para todos. É nesse cenário que a gamificação entra como uma possibilidade para a formação de líderes.

Neste capítulo, relataremos a experiência que tivemos ao mudar completamente o programa de desenvolvimento de líderes do modelo presencial para o modelo *on-line*. A ideia inicial era proporcionar uma experiência inovadora que tivesse convergência com todas as discussões internas que estávamos tendo sobre melhoria de processos e gestão de times no ambiente da indústria 4.0.

Além disso, precisávamos desenvolver uma mentalidade diferente em todos os líderes, em que protagonismo, autonomia, experimentação e inovação se tornassem realidade nas atitudes diárias e nos projetos das áreas.

Todos os conteúdos selecionados tinham como linha mestra a mentalidade e a liderança ágil.

EaD ou *Game*?

Quando falamos de educação *on-line*, sempre surge na nossa cabeça a ideia de que estamos falando de educação a distância, mas nossa jornada não se refere a esse modelo. Nossa proposta consiste em trabalhar com gamificação, ou seja, um *game* (jogo) onde cada jogador tem a possibilidade de aprender e construir a própria jornada de conhecimento.

A gamificação reúne elementos importantes que nos ajudam a superar alguns obstáculos que observamos em programas anteriores: acessibilidade dos conteúdos pelo celular e pelo *notebook*, otimização do tempo na medida em que eles poderiam estudar em períodos de ociosidade (salas de espera, aeroportos, viagens) e a possibilidade de manter os conteúdos sempre atualizados por meio de uma curadoria dedicada. Mas será que funcionaria?

Essa questão sempre esteve em nossas discussões internas e a resposta que tivemos ao longo do programa foi positiva, porém em sua execução tivemos que realizar algumas adaptações. Num primeiro instante, a quantidade de mudanças nos assustou, mas logo percebemos que essa era a maior vantagem da gamificação.

Ela é viva, podemos mudar o curso ao longo do programa sem nos prender a formatos preestabelecidos. Além disso, o uso de plataformas *on-line* e em formato de jogo despertou a curiosidade das pessoas. A novidade começou a viralizar entre os participantes, de forma espontânea e gradual.

O aspecto lúdico escolhido para o *game* nos ajudou na organização dos conteúdos. O jogador era convidado a participar de uma viagem no espaço dividida em 4 etapas (nesse caso, os módulos do programa). A cada módulo, o ambiente do *game* era modificado. Para cada etapa concluída, o viajante (jogador) se aproximava do destino final.

Essa foi a forma mais eficaz que encontramos para dar sentido à grande quantidade de conteúdos que tínhamos para oferecer: criando uma história em que as pessoas pudessem embarcar e que, a cada conteúdo concluído, ele tivesse a oportunidade de avançar de fase, transformando a jornada de conhecimento em um jogo de *videogame*.

Cada etapa tinha um período definido para ser liberado na plataforma (módulos bimestrais), assim todos teriam o mesmo tempo para realizar a etapa e chegarem juntos ao final da viagem.

Ao longo do processo, fomos aprendendo sobre essa nova forma de oferecer capacitação e desenvolvimento. A ideia é compartilhar esses aprendizados por intermédio dos 4 maiores desafios da gamificação, com base na nossa experiência.

Primeiro desafio: curadoria e organização de conteúdo

Nos dias de hoje é muito difícil trazer temas que sejam inéditos. As pessoas têm acesso ilimitado à informação, não existem barreiras a não ser aquelas impostas por nós mesmos. Por outro lado, na maioria das vezes, a informação está acessível na *internet*, mas ela está literalmente "solta". Muito conteúdo e pouca organização. Em si, a *internet* é apenas uma avalanche de informações.

Dessa forma, a construção dos módulos se fez como qualquer produto da educação tradicional, um tema amplo subdividido em subtemas de acordo com a necessidade do negócio.

A grande aventura foi trazer a ludicidade das metodologias ativas utilizadas em sala de aula para o mundo virtual: precisávamos de algo maior do que só teoria, era preciso aproximar esses conteúdos da realidade organizacional em que eles estavam inseridos por meio de *cases* reais e compartilhamento de aprendizados de equipes e líderes, aproximando o virtual do real.

Como retratam bem Sandro Magaldi e José Salibi Neto, na obra *Gestão do Amanhã*, existem nas organizações dois tipos de conhecimento: o conhecimento explícito (teórico) e o conhecimento tácito (experiencial). "O conhecimento tácito é o adquirido por meio da experiência de cada indivíduo, difícil de ser sistematizado e formalizado em normas, regras e padrões. De forma coloquial, é o conhecimento que está na cabeça das pessoas." Como agregar esse conhecimento aos programas formais de educação? Trazendo as pessoas para compartilhar suas experiências, sejam elas de sucesso ou fracasso, de forma presencial ou virtual.

Assim, a cada etapa concluída, as lideranças participavam de um desafio coletivo em que eram trabalhados os conhecimentos explícitos e tácitos, sendo desafiados a discutir os conceitos teóricos frente aos desafios reais de suas áreas.

O facilitador desse momento atuava de forma a direcionar as discussões. O conteúdo desses momentos era a própria realidade dos participantes. A concepção das atividades presenciais baseadas nas metodologias ativas visava fomentar a discussão entre eles.

Segundo desafio: diversificação

Todo mundo conhece o formato de aulas *on-line* e sabemos que, depois de algum tempo, é fácil perder a concentração e a sequência lógica após um determinado período, que varia de pessoa para pessoa, pois consiste na capacidade de concentração de cada um. Para alguns, uma hora na frente do computador é doloroso; enquanto outros passam horas a fio. Esse era um ponto que precisava ser considerado e nossa saída para essa armadilha estava na diversificação dos modelos.

Além disso, o custo de produzir aulas customizadas é bastante alto e o orçamento para educação sempre é algo desafiador nas organizações.

Sem dúvida, a contratação de empresas especializadas em educação *on-line* e gamificada foram essenciais para esse processo, mas pensar em formas de utilizar nossos recursos internos, nossa rede de conhecimento e todos os conteúdos gratuitos que já existem na *internet* era uma forma de garantir a diversificação.

Nesse momento, criatividade e uma dose extra de dedicação dos profissionais de desenvolvimento humano da empresa fizeram a diferença, pois soluções simples foram introduzidas tornando o *game* uma plataforma versátil e customizada. Em pouco tempo, os líderes pediam para que os conteúdos fossem liberados para suas equipes, pois não só tinham fundamentação teórica, mas também a "cara" do negócio.

Como isso foi possível? Reitero, com criatividade e otimização dos recursos internos. Foram incluídos vídeos da alta liderança falando sobre como aqueles conceitos poderiam apoiar e impactar os principais desafios do negócio, uma conversa direta sobre como responder às exigências do mercado e do consumidor pelo conteúdo disponibilizado na plataforma.

A cada conceito, exemplos reais de projetos e depoimentos das equipes eram trazidos como forma de demonstrar a aplicabilidade dos conceitos teóricos. Também selecionamos *talks* (conversas) em plataformas como o YouTube, que estavam conectados com os assuntos, como forma de mostrar que especialistas e executivos de outras organizações também viam valor naquele tipo de conhecimento.

Selecionamos colaboradores para produzir *podcasts* como uma forma diferente de transmitir conteúdo e gerar conexão por meio daquela voz que muitas vezes era conhecida de todos os jogadores. Era uma forma diferente de exposição e acesso às informações que tem feito bastante sucesso nas plataformas de mídias como Spotify, por exemplo.

Conteúdos customizados, conexão com o negócio, vida real no contexto educacional e participação dos colaboradores na construção de conteúdo fizeram a diferença para adequarmos o contexto do nosso *game* às demandas da educação da 4.ª Revolução Industrial, uma educação centrada na resolução de problemas e na experimentação, com flexibilidade e autonomia da plataforma de conhecimento. À medida que o negócio evoluía, a plataforma de conteúdo crescia. Descobrimos, na própria organização, uma fonte inesgotável de recursos e conhecimento.

Terceiro desafio: engajamento

Acreditem, não foi uma decisão fácil colocar toda demanda de capacitação e desenvolvimento dos líderes no ambiente virtual. Sabemos de todas as dificuldades que os cursos *on-line* apresentam a respeito de alunos que não concluem os cursos e que procrastinam a entrega de trabalhos. Já sabíamos que teríamos a mesma dificuldade, afinal falta de tempo era a principal justificativa para as pessoas não comparecerem aos encontros presenciais.

A acessibilidade criada por intermédio de uma plataforma que pode ser acessada 24 horas por dia, de qualquer dispositivo conectado à *internet*, seja ele o *notebook* ou o celular, não era uma garantia de que teríamos sucesso no engajamento. Assim, mais uma vez, a solução estava no mundo dos *games*: além de passar de fase, o que gerava adrenalina nos jogadores? Recompensas, certo? Assim, oferecer recompensas era uma saída e nós queríamos testá-la.

Cada conteúdo "consumido" na plataforma tinha uma pontuação específica. O jogador, ao concluir os treinamentos, ia acumulando pontos que fariam parte do seu *ranking* individual. Ao final de cada etapa (módulo), ele tinha a oportunidade de responder a um *quizz*, um jogo de perguntas com afirmativas que, se respondidas corretamente, rendiam-lhe pontos extras.

A quantidade de pontos poderia ser revertida em prêmios por meio de uma lojinha *on-line*, que era lançada ao final de cada etapa. Para concorrer à lojinha, era necessária a conclusão do treinamento dentro do prazo, a qual funcionava como qualquer ambiente de compra na *internet*, quantidades limitadas acessíveis àqueles que tivessem pontos suficientes para comprar de acordo com a disponibilidade.

Os prêmios tinham preços estimados pela moeda vigente (pontos) e iam desde ingressos para o cinema no final de semana até uma caixa de som *hi-tech* para os momentos de lazer com a família e amigos.

Isso exigiu do time de gestão da plataforma um controle bem rígido e preciso sobre a participação das pessoas. Embora isso não tenha sido planejado, nos rendeu bons frutos ao longo do programa, era possível estratificar os dados de uso da plataforma.

Conseguíamos identificar os mais engajados, demonstrar indicadores de participação e sucesso por área. Ao final, tínhamos um mapa sobre cada etapa de conteúdo e a *performance* dos jogadores.

Consideramos o sistema de pontuação uma excelente prática, mas ela, por si, poderia gerar muita competição entre os participantes. É nesse momento que a lojinha se torna o grande diferencial. À medida que eles eram recompensados pelo seu desempenho individual, não tinham motivos para competir entre eles.

Tangibilizamos, pela lojinha do *game*, um modelo simples de meritocracia que trouxe valor agregado ao processo e para os indivíduos.

Quarto desafio: conexões pessoais

É possível gerar aprendizado apenas na esfera virtual? A interatividade nas redes é o suficiente para consolidar aprendizado? Podemos dizer que esse é o maior desafio da experiência da gamificação digital porque, em essência, ela é uma experiência individual e autodidata.

William Glasser, psiquiatra americano que se dedicou ao estudo do comportamento humano, supõe que a consolidação dos aprendizados ocorre de forma mais profunda ou superficial de acordo com o meio que utilizamos para absorver as informações. A pirâmide de aprendizagem de Glasser tem sido amplamente difundida para demonstrar que somente a leitura não é capaz de garantir o aprendizado e se organiza da seguinte forma:

- Aprendemos 10% quando lemos;
- 20% quando ouvimos;
- 30% quando observamos;
- 50% quando vemos e ouvimos;
- 70% quando discutimos com outros;
- 80% quando fazemos;
- 95% quando ensinamos aos outros.

A mensagem principal é de que o aprendizado se torna mais eficaz a partir das conexões pessoais. Se o *game* é uma experiência virtual, como solucionamos esse problema? Se toda inovação depende da criatividade, tivemos que criar uma fase de grupo no *game*, que denominamos de desafios coletivos que tinham como objetivo a consolidação do aprendizado através da troca e da construção conjunta de conhecimento.

O ambiente lúdico do *game* é uma estação espacial onde os jogadores têm a oportunidade de acessar os conteúdos à medida que exploram ambientes diferentes, por isso, ficou fácil ao final de cada etapa convidá-los para um momento que poderia ser virtual ou presencial onde eles deveriam "discutir" ou "experienciar" o conhecimento vivido naquela fase do jogo.

Os desafios coletivos consistiam em atividades que envolviam um problema do negócio, uma situação real que deveria ser trabalhada em grupo. Todo o conteúdo do *game* era exposto na forma de mapas visuais que resumiam a jornada deles naquela etapa e, a partir disso, eles eram divididos em grupos e incentivados pelo facilitador a desenvolver soluções para os problemas de negócio a partir dos conceitos estudados ou trazer exemplos de projetos ou iniciativas que já estavam implantadas em suas áreas que tinham os conceitos estudados visualizados na prática. Essa atividade estava baseada nos princípios 70 / 80 de Glasser, onde eles eram convidados para apresentar, compartilhar, propor ou construir soluções para o dia a dia.

Muitas iniciativas tiveram desdobramentos importantes após os desafios, outras obviamente não saíram do papel, porém aprendemos a discutir o aprendizado em rede. Naquele momento, não existia um facilitador "dono" do conhecimento repassando as informações. Os líderes assumiram o lugar de protagonistas do seu aprendizado, traziam para as discussões a aplicabilidade, a prática e a utilidade do que aprenderam.

Equipes multidisciplinares ganharam força entre as lideranças, eles perceberam que o compartilhamento dos problemas e soluções, a diversidade de pontos de vista, a capacidade de análise grupal nos levava a um outro patamar de planejamento e execução. As equipes montadas para a realização dos desafios do *game* se tornaram, em alguns casos, grupos de melhoria que passaram a discutir outras questões que envolviam duas ou mais áreas de trabalho.

O método como inspiração

Quando começamos a discutir os planos de educação corporativa e decidimos focar nas lideranças por entender que seriam os grandes multiplicadores do conhecimento e protagonistas da transformação de *mindset* de que precisávamos, não tínhamos ideia de como teríamos que nos reinventar todo o tempo.

Desde o início, sabíamos que o modelo de educação formal estava longe de atender as nossas expectativas. Afinal, nesse modelo, o aluno torna-se passivo na recepção de conhecimento e no ambiente corporativo. Estamos sendo desafiados o tempo todo a termos atitudes diferentes da passividade: precisamos ser inovadores, dispostos a correr riscos e aptos a tomar decisões.

Infelizmente, ao longo de nossa educação, somos convidados a fazer exatamente o contrário, é preciso seguir padrões, dar a resposta exata às questões, resumir nosso desempenho a uma nota. Na vida real, especialmente na vida corporativa, o desempenho de uma pessoa vai muito além de uma nota. Toda avaliação de um colaborador é resultante de uma série de entregas consistentes, atitudes diferenciadas e capacidade de mudança e transformação.

Maurício Benvenutti traz em seu livro *Audaz* uma reflexão que nos fez pensar além: "O maior risco para indivíduos e organizações não é a falta de dinheiro, experiência ou conexões. É o excesso de desculpas. É a supervalorização de justificativas, argumentos e explicações." Foi por isso que investimos alto em nossas aspirações, investimos 70% do orçamento de educação em uma *startup* para desenvolver o modelo que queríamos e utilizamos os recursos que já tínhamos para compor essa experiência.

Acreditávamos na proposta da gamificação, mas não tínhamos ideia de onde isso nos levaria. Tínhamos um ponto de partida: a criação de um modelo que, em essência, tivesse um DNA diferente de tudo que eles já tinham vivido.

Nossas pretensões eram nossas inspirações: queríamos que as pessoas conseguissem ver sinergia entre seu dia a dia e o programa de desenvolvimento da organização, e também vissem traços dessa inquietude, originalidade, diversão e agilidade que tanto pedíamos para os times nos desafios diários.

Precisávamos criar um ambiente que incentivasse as pessoas a terem atitudes diversas, únicas, no qual elas pudessem ter uma trilha de conhecimento e conseguissem adaptá-las à vida real de acordo com sua necessidade, facilitando a tradução dos conceitos para os times.

A busca pela formação de uma liderança ágil, de equipes multifuncionais e autônomas é uma construção de longo prazo.

Ficou evidente quando discutíamos a viabilidade de algumas propostas ou soluções construídas a partir do *game* que ainda estávamos imersos na burocracia e na busca por caminhos testados e aprovados. As discussões presenciais mostraram como ainda estamos distantes do estágio desejado de criatividade e experimentação. Tornaram evidente que ainda temos um longo caminho a percorrer para que as pessoas vejam a necessidade de experimentar, errar pequeno e ir aperfeiçoando as soluções ao longo de sua execução.

Antes de ver isso, como um ponto negativo, vimos como uma realidade promissora. Alcançamos uma consciência que nos permite dar os próximos passos. Víamos as lideranças pautando as discussões nas mudanças que precisavam ser feitas. Olhando para o futuro e para a evolução do negócio.

Não era factível que, por um único programa de desenvolvimento, atitudes e habilidades tão complexas e disruptivas fossem desenvolvidas de forma plena. No final da viagem, na última estação, encontramos desengajados, ainda temos líderes que não perceberam a mudança, ainda existem desafios para a próxima jornada, que consiste em rever cada um dos 4 desafios já expostos anteriormente. É um processo cíclico.

Mas temos em nós um espírito inquieto e altamente comprometido com a capacidade de desenvolvimento do ser humano, que também está expresso no pensamento abaixo, que conclui tudo o que pensamos sobre fazer educação dentro das organizações:

> Enquanto a maioria das pessoas aceita a vida como ela é, uma turma de audazes confronta as regras que definem empregos e as normas que estabelecem indústrias. É essa desobediência aos padrões que está pavimentando as principais conquistas da humanidade.
> (Maurício Benvenutti)

Sigamos assim, na construção de uma nova era da educação corporativa.

Referências

BENVENUTTI, M. Audaz: *As 5 competências para construir carreiras e negócios inabaláveis nos dias de hoje*. São Paulo, Ed. Gente, 2018.

MAGALDI, S. NETO, J.S. *Gestão do Amanhã: tudo o que você precisa saber sobre gestão, inovação e liderança para vencer na 4.ª Revolução Industrial*. São Paulo, Ed. Gente, 2018.

Capítulo 7

Cidade dos Valores: uma experiência Vivencial com sentido Pedagógico, Andragógico e Heutagógico

Neste capítulo você, facilitador de aprendizagem, encontrará uma atividade completa baseada no ciclo de aprendizagem vivencial, com sentido pedagógico, andragógico e heutagógico, a qual tem a capacidade de despertar, respectivamente, nos participantes competências comportamentais, técnicas e até mesmo híbridas. Dessas atividades virão à tona criatividade, inovação e resiliência, permeadas pelo autoconhecimento, autorresponsabilidade com incentivo ao protagonismo e outras mais.

Gladys Cazumbá

Gladys Cazumbá

Administradora, graduada pela Faculdade Batista Brasileira (2015). Com formação em Jogos Vivenciais, processos de *Coaching* Executivo de Carreira, Pesquisadora no campo de Gestão de Pessoas e Metodologias de Ensino/ Aprendizagem. Atua como Consultora, Palestrante, Facilitadora em jogos para grupos de Lideranças, Formadora de equipes nos mais diversos segmentos. Enfatiza suas práticas em Desenvolvimento Humano, Educação Corporativa e Treinamento e Desenvolvimento de Pessoas. Fundadora do Projeto Voluntário *Dons que Inspiram: Transformando Vidas & Desenvolvendo Pessoas* no Nordeste de Amaralina, Salvador-Ba. Idealizadora da página – Instagram *Eu Amo Treinamentos*. Voluntária nos grupos de Práticas na Associação Brasileira de Recursos Humanos Bahia – ABRH BA. Desde 2018, é coautora nos *e-books Liderança Transformadora, Game O Reino dos Unicórnios (2018), Coaching de Carreira: um novo mindset nas organizações* (2019).

Contatos

Cazumba54@gmail.com
Instagram: @GladysCazumbá
Telefone/WhatsApp: (71) 99375-7697

A Cidade dos Valores é uma experiência vivencial criada em agosto de 2019, para atender uma ação de treinamento, baseada em metodologias ativas, que dispusesse de poucos recursos, contudo fosse capaz de trabalhar as competências: criatividade, inovação, resiliência, protagonismo e autorresponsabilidade.

Essas competências foram levantadas pelo projeto *Dons que Inspiram: Transformando Vidas & Desenvolvendo Pessoas*. Consideradas como indispensáveis para os jovens e adultos com idades entre 14 e 24 anos, que vivem em comunidades de vulnerabilidade social, na busca por desenvolvimento de aptidões técnicas, comportamentais, emocionais em conexão com seus propósitos de vida e de carreira.

Este projeto é uma realização pessoal e profissional, que idealizei com a participação de um grupo de profissionais voluntários com expertises no campo de gestão de pessoas, educação corporativa, escolar, social e emocional. Aqui os chamaremos de facilitadores de aprendizagens.

Neste propósito, enxerguei a oportunidade de contribuir significativamente com o mundo, a partir daquilo que eu mais amo fazer: ações de treinamentos com base em metodologias ativas.

Ações de treinamentos com base nas metodologias ativas

Em um mundo cada dia mais volátil, incerto, complexo e ambíguo, acelerado pelas inúmeras possibilidades de interações sociais, os grupos geracionais de indivíduos desafiam a Pedagogia, a Andragogia e a Heutagogia a desenvolver táticas que possibilitem consolidar valores, crenças e competências, que apoiem esses indivíduos na evolução do Eu, alavancando sua *performance* na busca das realizações de vida e de carreira.

Esses grupos vivem verdadeiras jornadas de autoconhecimento na ampliação de suas competências, conceituadas como conjunto de conhecimentos, habilidades e atitudes.

Valerie Grubb (2018, p.32) conceitua gerações como "grupos identificáveis que têm em comum ano de nascimento, idade, localização e eventos significativos ao longo da vida, em estágios críticos do desenvolvimento".

Uma das estratégias para apoiar esses indivíduos são as ações de treinamentos baseadas em metodologias ativas, notadas como importante solução educacional para ampliar *know-how*.

Quando bem estruturadas, são capazes de promover experiências significativas, moldar padrões comportamentais, despertar novos conhecimentos, além de mobilizar pessoas na busca de resultados exponenciais, proporcionando um ambiente de inovação.

Metodologias ativas: conceitos, fundamentos e abordagens

Cavalcante e Filatro (2018, p.21) definem as metodologias ativas como "estratégias, técnicas, abordagens e perspectivas de aprendizagem individual e colaborativa, que envolvem e engajam estudantes no desenvolvimento de projetos e/ou atividades práticas". A mediação pode ou não acontecer por tecnologia e o aprendiz é o protagonista, considerado o participante ativo do processo de aprendizagem, enquanto reflete sobre aquilo que está fazendo. (CAVALCANTE E FILATRO, 2018)

As metodologias ativas coadunam com a Pedagogia, Andragogia e a Heutagogia na finalidade de alavancar níveis de consciência no indivíduo em seu ciclo vital, apresentando-lhe um repertório de competências e os possíveis resultados gerados em suas rotinas.

A Pedagogia é vinculada à educação de crianças e adolescentes em sua natureza vivida na fase escolar e acadêmica, em que o professor é responsável por conduzir as experiências de aprendizagem. A Andragogia, voltada para educação de jovens e adultos, leva em consideração as experiências, motivações e as necessidades de aprender do indivíduo, é contextualizada em ambientes de trabalho e acadêmicos. E a Heutagogia, que surge com a era digital e a abundância das informações, apoia-se na tecnologia da informação e comunicação, leva em consideração a autonomia do indivíduo, que decide quando, como e o que quer aprender, sem a dependência de um ambiente formal. (FILATRO; CAVALCANTE, 2018)

Considerando o protagonismo exercido pelo indivíduo, a partir da ação e reflexão provocada pela experiência vivida, as metodologias ativas têm suas abordagens nas teorias Cognitiva, Socioconstrutivista e Conectivismo. Filatro e Cavalcanti explicam essas teorias.

A Cognitivista orienta quanto aos processos intelectuais que nos levam a gerir, interpretar e organizar os conhecimentos por meio do pensamento lógico, imaginação, raciocínio, memória, linguagem, atenção, associação e outros. O Conectivismo considera as experiências de aprendizagens mediadas em norma por recursos digitais. O indivíduo aprende, de maneira autônoma, a partir do contato com várias fontes do conhecimento e não há dependência de um ambiente estruturado. Nesses contextos tem relevância a forma que o sujeito busca se conectar e interagir com os novos conhecimentos. Sua realização normalmente se dá em ambientes não formais de educação.

Filatro e Cavalcante dizem que os socioconstrutivistas defendem que "conhecimentos e habilidades podem ser ampliados quando o indivíduo interage com outras pessoas e pode testar e contrastar o que sabe com o conhecimento dos demais". Nesses contextos leva-se em consideração o livre arbítrio, as condições de vida e das interações do indivíduo. Tudo se cria, nada se copia. Por aspectos, o conhecimento pode ser ampliado a partir das interações sociais. Tal abordagem pode ser praticada por meio de tarefas pouco estruturadas e todas as considerações têm relevância. Os indivíduos são avaliados pela participação e pelo resultado do trabalho coletivo.

A Cidade dos Valores possui contribuições do cognitivismo, socioconstrutivismo, do conectivismo e tem abordagem na metodologia de Aprendizagem Experiencial, também conhecida como Ciclo de Aprendizagem Vivencial (CAV), considerado um método lúdico, interativo, capaz de transformar experiência em conhecimento. É aplicável sobre qualquer dimensão educacional, pedagógica, andragógica ou heutagógica com abrangência escolar, acadêmica, organizacional e social.

Cada teoria nos conecta a uma abordagem didática na aplicação das metodologias ativas. Conforme o escopo da atividade, o facilitador deve considerar o perfil psicológico e fisiológico do aprendiz, partindo das competências que já existem, para as que precisa desenvolver.

Saliento que crianças e adultos atuam de maneiras diferentes em um mesmo cenário. Os adultos apresentam maior autonomia dado seu perfil psicológico e fisiológico mais maduro; as crianças tendem a ter necessidade de maior direcional dado o estágio de desenvolvimento. Faz-se necessário conhecer e compreender as teorias e as abordagens que fundamentam as metodologias ativas, porque essas norteiam o facilitador quanto aos vieses comportamentais.

Ações de treinamentos: mapeamento de competências

Torna-se inquestionável que as ações de treinamentos sejam uma solução sustentável para o desenvolvimento de competências na finalidade do sujeito produzir ações. Elas podem ser amplamente exploradas nos mais diversos contextos educacionais.

Madruga (2018), no livro *Treinamento e desenvolvimento com foco em educação corporativa*, traz um capítulo orientador para a importância da realização dos treinamentos por competências, suas vantagens, classificação, estágios do desenvolvimento do aluno e as competências para ensinar.

Madruga divide as competências em quatro categorias: aplicação, abrangência, estratégica e emocional. Confira quadro a seguir:

Aplicação	Abrangência	Estratégica	Emocional
• Técnica • Comportamental • Híbrida	• Organizacional • Departamental • Transversal	• Essencial • Distintiva	• Pessoal • Social

Fonte: Treinamento e Desenvolvimento com Foco em Educação Corporativa, 2018.

Essa divisão apoia o facilitador de aprendizagem a saber em qual categoria ele irá atuar, a partir do mapeamento de competências. Seja no nível de Aplicação técnica, comportamental ou híbrida, no nível de abrangência organizacional, departamental e/ou em toda a rede de relacionamentos, para desenvolver um posicionamento estratégico, destacando o que faz diferente ou é com foco no diferencial competitivo. Por fim, o nível mais importante, as competências emocionais, presentes em tudo que fazemos. Por meio delas, o indivíduo revela o nível inteligência emocional a partir das interações sociais.

Para mapear competências, cabe o uso de ferramentas de avaliações comportamentais, que tragam dados consistentes quanto ao potencial a desenvolver e o desempenho do sujeito. A exemplo, avaliação presencial por meio de jogos, dinâmicas, simulações e desafios, Gramigna. (2017, p.27)

Para treinar de maneira assertiva, cabe ao facilitador conhecer a cultura do ambiente, criar afinidades com os indivíduos para aproximação do contexto real, compreender o ambiente externo ao qual o público está inserido, conhecer as reais motivações que os levam à busca pelo desenvolvimento de competências. Cabe considerar as perspectivas educacionais, pedagógicas, andragógicas ou heutagógicas para nortear como as competências serão trabalhadas.

A Cidade dos Valores e o Ciclo de Aprendizagem Vivencial - CAV

Diversos autores afirmam que experiências vivenciais em ambientes de aprendizagem geram melhores resultados na vida real. O Ciclo de Aprendizagem Vivencial, proposto inicialmente por Jonh Dewey na década de 1960, logo depois ampliado por David Kolb, no contexto de educação corporativa, parte dos princípios: sentir -pensar e observar-fazer. (FILATRO; CAVALCANE, 2018, p.26)

O CAV tem quatro etapas que configuram um processo dinâmico de aprendizagem, baseado na Experiência Concreta (EC), Observação Reflexiva (OR), Conceitualização Abstrata (CA) e Experimentação Ativa (EA). Desse modo, levamos o indivíduo ao processo de metacognição, a partir da ação-reflexão. Veremos um pouco sobre cada etapa.

Construindo a Cidade dos Valores

1. **Experiência concreta – mão na massa:** os participantes recebem o desafio de construir, em um tempo determinado, uma cidade utópica ao universo humano. Contudo, cheia de novas possibilidades para a construção de um mundo melhor. Um mundo com propósito. São entregues algumas tarefas obrigatórias. A única bússola do grupo: o propósito coletivo e as competências individuais.
2. **Observação reflexiva – relato:** é hora de verificar a entrega, ouvir os participantes e as observações sem julgamentos, mapear competências em níveis comportamentais, técnicos e emocionais, verificar a ampliação da consciência decorrente das interações sociais. Checar os sentimentos. Considerar todos os aspectos individuais.
3. **Conceitualização abstrata – processamento:** o facilitador deve promover reflexões acerca dos valores que norteiam comportamentos e tomada de decisão. Quais competências consideraram importantes para entrega? E o que fariam de diferente? Apresentar competências consideradas essenciais no dia a dia, como: adaptabilidade, agilidade, trabalho em equipe, comunicação e *feedback*, solução de problemas, colaboração, iniciativa, criatividade, inovação, resiliência, aprendizagem colaborativa, empatia, tolerância ao erro, produtividade em equipe, autoliderança, propósito, autoconhecimento, negociação, autorresponsabilidade, relacionamento interpessoal, gestão do tempo, resistência à frustração. Nesse contexto, a depender da maturidade dos participantes, podem surgir ou não competências não descritas acima. Por isso, é necessário prover um *checklist* com as competências inerentes, para que o grupo descreva melhor o que é importante e checar as percepções, sentimentos e emoções que os moveram em busca da alta *performance*.
4. **Experimentação ativa – generalizações:** checar experiências versus práticas, por meio de analogias, hipóteses, não avaliar e não julgar, indica estarmos construindo e questionando como essas situações acontecem na vida real, na empresa e na sociedade.

Em nível de efetividade, orientar os participantes quanto ao potencial de desenvolvimento de suas competências, mapear competências desejadas, realizar um plano de ação para ampliar sua *performance*.

É possível concluir que, quando o indivíduo é convidado a experimentar um processo de aprendizagem estruturado, em que ele exerce a autonomia, sendo o protagonista com a liberdade para agir conforme seu padrão de consciência, surgem as possibilidades de melhorar suas potencialidades, porque ele passa a exercer a autorresponsabilidade por sua existência.

Referências

FILATRO, Andrea; CAVALCANTI, Carolina Costa. *Metodologias inovativas na educação presencial, a distância e corporativa.* Saraiva Educação S.A., 2018, pp. 21 – 28.

GRAMIGNA, Maria Rita. *Gestão por competências: ferramentas para avaliar e mapear perfis*. Alta Books Editora, 2018, p. 27.

GRUBB, Valerie M. *Conflito de gerações: desafios e estratégias para gerenciar quatro gerações no ambiente de trabalho*. Editora Autêntica Business, 2018, pp. 31 - 32.

MADRUGA, Roberto. *Treinamento e desenvolvimento com foco em educação corporativa.* Editora Saraiva Educação S.A., 2018, pp. 10 – 39.

CAPÍTULO 8

Um case de sucesso: nasce o Se7eplay – Education and Gamification

Este capítulo aborda a implantação, no ano de 2019, do Se7eplay – Education and Gamification nos cursos profissionalizantes e técnicos da rede educacional, na unidade do Centro Tecnológico Se7e, localizado no bairro de Brotas, na cidade de Salvador, Bahia.

Pollyanna Cristina Brasil de O. Cerqueira

Pollyanna Cristina Brasil de O. Cerqueira

Licenciada em Pedagogia Plena com Habilitação em Supervisão Escolar do Ensino Fundamental e Médio, graduada em 2007 pelas Faculdades Integradas Olga Mettig, com MBA em Gestão, Inovação e Negócios de Instituições de Ensino pelo Ipog (2020), entre outras especializações. Certificada no Programa de Educação Corporativa pela Cazulo Negócios com Propósito (2018) e em CIS *Assessment* – Formação em Analista de Perfil e Jogos Empresariais (2019) pela Febracis. Sócia-fundadora e Diretora Geral do Centro Tecnológico Se7e desde 2009. Mulher, esposa e mãe. Empreendedora apaixonada por Educação e Desenvolvimento Humano, com o propósito de impulsionar e transformar vidas rumo à prosperidade.

Contatos
www.se7ecursos.com.br
pollyannabrasil@se7ecursos.com.br
Instagram: @setecursos
Facebook: @setecursos

O presente artigo é oriundo das atualizações das matrizes curriculares dos cursos profissionalizantes e técnicos do Centro Tecnológico Se7e, instituição de ensino pautada na Educação profissional, técnica e tecnológica que visa preparar os estudantes a exercerem atividades produtivas, atualizarem e aperfeiçoarem conhecimentos tecnológicos e científicos. O processo de modernização surgiu da necessidade de reinventar as práticas pedagógicas e as metodologias já aplicadas na instituição.

O Programa de Formação de Educação Continuada, do Se7educa[1], se baseia na qualificação constante de nosso corpo técnico/pedagógico. Em um dos encontros de aprimoramento, que abordou a temática das Metodologias e Estratégias de Ensino, lançou-se um olhar diferenciado e apaixonante para a aplicação da metodologia ativa de aprendizagem[2] mediante a utilização de jogos, a gamificação.

Naturalmente surgiram questionamentos e sentimentos de inquietude, pois nunca tínhamos imaginado aplicar algo parecido na educação profissional e técnica. Mas, afinal, por que não? Decidimos então tentar incorporar a nova metodologia ao ensino da instituição. O episódio ocorreu justamente quando a autora estava cursando as disciplinas de Inovação em Educação e Tecnologias Educacionais e EAD no curso de MBA Gestão, Inovação e Negócios de Instituições de Ensino ministrado pelo Ipog.

Vários questionamentos invadiram a mente dos integrantes da equipe, tais como: como seriam vistos os jogos na educação profissional? Seria possível ver Técnicos em Enfermagem brincando com jogos? E como seria a receptividade nas áreas de saúde e gestão de negócios? O corpo docente iria abraçar a causa ou permaneceria em sua zona de conforto, rejeitando a inovação? Quando tudo estivesse pronto, como faríamos para nos readequar à nova metodologia? Haveria o risco de

---

1 Se7educa é o nome do Programa de Formação Continuada do Centro Tecnológico Se7e. Consiste na educação continuada por meio de qualificação e treinamentos para os colaboradores, instrutores e supervisores que integram o processo educativo e transformador da instituição. Tem como objetivos engajar e educar os participantes para que conquistem padrões de alta *performance*, promovendo sua transformação nas áreas pessoal e profissional.

2 Metodologia Ativa de Aprendizagem é um processo amplo cuja principal característica é a transformação do aluno/estudante no principal agente responsável por sua aprendizagem, fazendo com que se comprometa com esse processo.

banalizar a metodologia de ensino? Eram várias as questões, e todas teriam de ser respondidas adequadamente a seu tempo.

Mesmo diante dessas dúvidas, estávamos certos de que nosso objetivo consistia em trabalhar de forma inovadora, com maestria, sempre orientados por nossos princípios e com o propósito de impulsionar e transformar vidas rumo à prosperidade. Para tanto, não permitiríamos que o trabalho acontecesse de forma isolada e amadora. O desejo de proporcionar aos nossos alunos momentos diferenciados era o que nos movia, e torná-los peças ativas do processo de aprendizagem adquiria fundamental significância. Assim, definimos que todos os cursos que ofertávamos, tanto profissionalizantes como técnicos, deveriam e seriam os protagonistas desses jogos. Surge assim o Se7eplay – Education and Gamification[3].

Segundo Yvette Datner, "a necessidade permanente de desenvolvimento e aquisição de novos conhecimentos organizacionais provoca um movimento de obrigação de acessar conhecimentos que agreguem valor ao papel profissional, aos seus complementares, à própria empresa e ao sistema de mercado no qual a empresa está inserida – e nele deverá criar e assegurar um espaço para gerar resultados. Não há nenhuma organização ou empresa no nosso sistema econômico que não exista em função das regras do mercado".

O mercado como um todo vem passando por constantes transformações. Os diferenciais na aplicabilidade de recursos são necessários para fomentar um ensino de qualidade, inovador e pautado em metodologias ativas que gerem resultados significativos.

Nossa instituição está situada na cidade de Salvador, no Estado da Bahia, nos bairros de Brotas e Barris. Foi vital para seu desenvolvimento gradual a elaboração do Projeto Educacional, baseado em metodologia de aprendizagem, com foco no desenvolvimento de competências e habilidades por meio de jogos educativos e gamificação.

O Centro Tecnológico Se7e apresenta um conceito inovador no ramo educacional. Atrelado a isso, dispõe de uma estrutura física ampla e arejada, além de contar com um corpo técnico administrativo e pedagógico multidisciplinar.

A autora Yvette Datner afirma ainda que "esses conhecimentos precisam atrelar-se a novas formas de relacionamento, gestão, estrutura, logística, procedimento, encaminhamento e trabalho, exigindo mudanças nas pessoas, na sua maneira de pensar, ser, sentir e agir no trabalho, incluindo uma visão de mundo e de vida. Com as regras de mercado constantemente renovadas, a educação formal adquirida não dá mais conta sozinha de fornecer soluções ou criatividade para

3 Se7eplay – Education and Gamification utiliza metodologias ativas no ensino profissional, por meio de jogos e gamificação devidamente contextualizados.

os resultados que são determinados, dada a dinâmica das mudanças que a globalização impõe".

Por se ocupar especificamente de educação profissional e técnica, o Centro Tecnológico Se7e atende um público que já terminou o ensino médio, cursou graduação e afins. Essas pessoas estão em busca de uma colocação ou recolocação no mercado de trabalho.

A metodologia escolhida para este trabalho consistiu de pesquisa e aplicação de questionário para o corpo discente e docente da instituição por meio do Google Forms, sobre o tema de jogos e gamificação nas esferas educacionais. Em seguida, os conceitos foram aplicados no desenvolvimento do projeto. O planejamento estratégico da instituição e a pesquisa com os docentes e o corpo pedagógico foram utilizados como insumos para a elaboração e o lançamento do Se7eplay – Education and Gamification.

Inicialmente o corpo pedagógico participou da dinâmica conhecida como "chuva de ideias", com o objetivo de identificar a situação mercadológica e estratégica da empresa. Em seguida foi aprofundado o Projeto de Desenvolvimento para lançamento pela área de *Marketing*, com análise do mercado e desenvolvimento de estratégias de comunicação para posicionamento da marca na comunidade escolar.

1. Nasce o Se7eplay – Education and Gamification

1.1. Descrição do Se7eplay – Education and Gamification

O projeto foi idealizado a partir de duas análises de mercado. A primeira considerou as mudanças e as transformações referentes ao novo perfil profissional requerido pelo mercado de trabalho, que inclui competências de inteligência emocional e comportamental. A outra análise focou na implementação de metodologias ativas para o desenvolvimento de competências e habilidades dos profissionais.

Partimos da premissa segundo a qual a educação se baseia nos seguintes pilares: a) aprender a conhecer; b) aprender a fazer; c) aprender a viver com os outros e d) aprender a ser. É justamente sobre esses pilares que se apoiam a inovação, a diversidade e a transcendência. Tudo se consolida quando compreendemos que a aprendizagem vem de diferentes formas, incluindo aquelas permeadas significativamente pelo ato de brincar.

Nesse contexto, a metodologia ativa se faz presente, pois o discente é o protagonista, é o sujeito responsável pelo processo de aprendizado.

> O objetivo desse modelo de ensino é incentivar que a comunidade acadêmica desenvolva a capacidade de absorção de conteúdos

de maneira autônoma e participativa. (PINTO, 2020)

Dentro dessa perspectiva, compreende-se a dinâmica do aprendizado contextualizado e significativo, alinhado ao propósito da Se7e, que consiste em impulsionar sua transformação rumo à prosperidade. É assim que nasce o Se7eplay – Education and Gamificiation.

A incorporação da gamificação em nossa proposta pedagógica veio no sentido de agregar valor e dinamizar o aprendizado nos ambientes educativos e na sala de aula. Essa nova ferramenta consiste em utilizar o ambiente dos jogos como recurso em outros contextos de aprendizagem, com o intuito e o foco de aumentar o engajamento e a conexão de todos os envolvidos no processo educativo.

1.2. Nome e marca

O nome Se7eplay – Education and Gamification surgiu da união de palavras que facilitam o entendimento e a compreensão. "Se7e" representa a instituição de ensino, e a expressão "play" se refere à dinâmica de jogos. Como *slogan*, reforça diretamente o que a metodologia irá ofertar e o modelo de aprendizagem a se trabalhar.

Em harmonia com o objetivo do projeto, o logotipo do Se7eplay foi pensado para ser leve e limpo, contendo elementos humanos em conjunto com elementos tecnológicos. Por conta dessa ideia, a marca traz o conceito de integração natural. A criação inova ao transformar o *slogan* em elemento visual que estará presente em toda a comunicação interna e externa da Se7e. O desenho tangibiliza os conceitos de inovação e diversificação que estavam presentes na construção do projeto, bem como os de união, tecnologia e espírito colaborativo.

Figura 1. Logotipo.

1.2.1. Objetivo principal do projeto

O objetivo geral do projeto é possibilitar ao instrutor e ao aluno momentos de aprendizagens significativas, contextualizadas e participativas no que tange à construção do conhecimento.

O projeto busca construir um acervo de jogos educativos que possam ser trabalhados de forma multidisciplinar e interdisciplinar, fazendo com que os envolvidos percebam como é fácil e prazeroso aprender de forma descontraída, pondo em prática os conhecimentos e habilidades técnicas aprendidos ao longo de sua jornada.

1.2.2. Público-alvo

Por sua natureza, a aprendizagem é destinada os discentes do Centro Tecnológico Se7e.

Figura 2. Uniforme do Se7eplay.

Trazendo o público-alvo para a realidade do projeto do Se7eplay, o perfil dos discentes é o de jovens e adultos entre 17 a 60 anos, homens e mulheres, das classes C e D, com escolaridade de nível médio, alguns com graduação e pós-graduação, que buscam uma oportunidade para se inserir no mercado de trabalho ou querem se desenvolver dentro do propósito da Se7e.

O Se7eplay visa atrair esse público, independentemente do gênero, de forma a possibilitar a simbiose para o crescimento profissional, ampliar a troca de interação e compartilhar conhecimento com outros indivíduos e áreas com as quais se relacionam.

2. Aplicabilidade do Se7eplay

Sua aplicabilidade está configurada em jogos e atividades lastreadas na gamificação, nos quais nossos alunos sejam os participantes ativos do processo, contemplando as seguintes áreas:

1. **Cognitiva:** raciocínio, habilidade estratégica, criatividade, concentração, antecipação e tomada de decisão;
2. **Social:** interação e convívio social, comunicação, respeito, trabalho em equipe e consciência ética e ecológica;

3. **Emocional:** paciência, controle emocional e concentração;
4. **Específica:** de acordo com a área de conhecimento dos cursos técnicos e profissionalizantes.

A fase piloto já foi realizada com sucesso pelas turmas de Formação Elementar, Técnico em Administração, Auxiliar de Saúde Bucal, Técnico em Enfermagem e Técnico em Nutrição. Sua aplicação envolveu os componentes curriculares de Empreendedorismo; Ética, Cidadania e Direitos Humanos; Planejamento de Carreira e Organização dos Processos de Trabalho; Meio Ambiente e Sustentabilidade; Anatomia e Fisiologia Humana, entre outras disciplinas. Elaboramos perguntas, com dados personalizados, e contextualizamos as necessidades do mercado em situações-problema que desafiaram os participantes a se envolverem de forma efetiva.

3. Considerações finais

As fases de construção do conhecimento passam por diferentes níveis de desenvolvimento e abarcam inúmeras formas de aprendizado. Possibilitar, promover, integrar, facilitar e direcionar esse processo nos conduz ao mundo de probabilidades jamais dimensionadas ou quantificadas. Cada indivíduo é único, tem sua singularidade e particularidades pessoais intransferíveis, concebendo sua transformação de forma subliminar.

Com o Se7eplay, mergulha-se numa sinergia na qual instrutor e aluno se misturam na busca do aprender e do ensinar. Nessa via de mão dupla, ambos sistematizam o conhecimento e potencializam suas habilidades, chegando a descobrir outras áreas que não eram exploradas anteriormente.

Compreender que o sentido do desenvolvimento humano ocorre por meio do protagonismo do indivíduo reafirma que as metodologias ativas consistem na ruptura dos paradigmas educacionais ainda existentes. Nessa nova configuração, os jogos e a gamificação são instrumentos necessários para se alcançar a diferenciação que o mercado exige: profissionais criativos, inovadores, tecnológicos e pensantes, dotados de ferramentas altamente eficazes para a evolução contínua.

É preciso inovar, superar-se. O conhecimento é vida e se realiza por meio de experiências diversas. Com a educação transformadora, podemos impulsionar pessoas rumo à prosperidade.

Referências

DATNER, Yvette. *Jogos para educação empresarial*. Editora Ágora, 2006, p. 15.

BACICH, Lilian e MORAN, José. *Metodologias ativas para uma aprendizagem mais profunda*. Editora Penso, E-book. Kindle, 2018,

PINTO, Diego de Oliveira. *Metodologias Ativas de Aprendizagem: o que são e como aplicá-las*. Disponível em: <blog.lyceum.com.br/metodologias-ativas-de-aprendizagem>. Acesso em: 25 de jan. de 2020.

Capítulo 9

Metodologia Ativa: sistematizando o conhecimento por meio da gamificação

Neste capítulo, será apresentado o projeto interventivo com modelo de prática pedagógica baseada em metodologia ativa de aprendizagem para sistematização de conteúdos formativos aplicados na educação profissional, dentro do Projeto *Revisitando os Saberes*.

Maria do Socorro Adorno Cerqueira

Maria do Socorro Adorno Cerqueira

Licenciada em pedagogia pela Faculdade de Educação da Bahia, com habilitação em Metodologia do Ensino de 1º Grau e Psicologia Educacional e Supervisão Escolar (1994); Especialista em Planejamento e Prática do Ensino Superior pela Associação Baiana de Educação e Cultura (2000); Mestre em Ciências da Educação na Universidade Internacional de Lisboa pelo Instituto Intercontinental Universitário (2004). Diretora Geral do Grupo Cetass Empreendimentos desde 2009. Presidente da Asnept (Associação Nacional das Escolas de Educação Profissional Técnica e Tecnológica) desde 2016. Atualmente é Consultora Educacional e Assessora Pedagógica do Sistema Educar Brasil SOS Municípios, Consultora Pedagógica de escolas públicas e privadas da Educação Básica, em especial nas modalidades da Educação Profissional e Educação Especial. Tem vasta experiência na área de Educação, com expertise comprovada em Gestão Educacional Pública e Educação Profissional de Nível Técnico.

Contatos
www.cetas.com.br
socorro.adorno@hotmail.com
Facebook: mariasocorroadornocerqueira
Instagram: @socorro.adorno

1.0. Introdução

> (....) A educação profissional assim concebida não se confunde com a educação básica ou superior. Destina-se àqueles que necessitam se preparar para seu desempenho profissional, num sistema de produção de bens e de prestação de serviços, onde não basta somente o domínio da informação, por mais atualizada que seja. Deve, no entanto, assentar-se em sólida educação básica, ferramenta essencial para que o cidadão-trabalhador tenha efetivo acesso às conquistas tecnológicas da sociedade, pela apropriação do saber que alicerça a prática profissional, isto é, o domínio da "inteligência do trabalho" – essas exigências são regidas pela Lei Federal nº 9.394/96, de Diretrizes e Bases da Educação Nacional (LDB).

Se buscarmos as configurações das concepções pedagógicas nos espaços escolares na atualidade, podemos enunciar a combinação histórica que caracteriza o formato da educação brasileira. Qual seja: a herança cultural, o desenvolvimento econômico e a organização política como sendo responsáveis pelos problemas educacionais atuais.

Como afirmou Saviani (1991, p.18), os sistemas educacionais, na atualidade, seguem uma organização ideológica segundo a qual ao professor cabe uma formação razoável que lhe permita conduzir classes com lições e disciplinas bem definidas. Assim, a escola exerce uma prática centrada no esforço individual e meritório, com métodos que se baseiam na repetição e memorização, e cujos pressupostos de aprendizagem preveem a autoridade docente e conteúdos impostos como meio de assegurar a atenção, a ordem e o silêncio. Já para Cotta et al. (2012, p.787), tradicionalmente, a educação se fundamenta em metodologias de "transmissão" de conhecimentos. Essa configuração, porém, se mostra defasada em relação às necessidades atuais. Agora se exige a formação de profissionais com perfil crítico-reflexivo, capazes de trabalhar em equipe, tendo a metodologia como instrumento de transformação.

Trazer à discussão a ideia da escola que disponha de tendências metodológicas pautadas na construção da aprendizagem, em que a interação em sala de aula valorize o protagonismo e a autonomia discente, implica abrir espaços para o incentivo à criatividade, o respeito às diferenças e a abertura para experiências e vivências de todos os envolvidos no processo de ensino e aprendizagem. Dessa forma, é possível ressignificar e sistematizar os conteúdos escolares formativos, estabelecendo conexões com as práticas sociais.

Sendo assim, as metodologias ativas de ensino e aprendizagem fazem a diferença no contexto da educação profissional porque, quando implementadas, elevam os estudantes a protagonistas de seu processo de ensino e aprendizagem. Essa situação exige mudança de postura acadêmica, dedicação, autonomia e responsabilidade para dar sentido e aplicabilidade social ao que se apreende em sala de aula. Como resultado, os estudantes assumem o centro das discussões nas quais os conhecimentos são mediados, responsabilizando-se por construir novas perspectivas, estimular o trabalho em equipe, cultivar a consideração pelos demais e respeitar o erro (MELO; SANT'ANA, 2012).

Segundo Cotta et al. (2012, p. 788), as metodologias ativas de ensino e aprendizagem se baseiam em "estratégias de ensino fundamentadas na concepção pedagógica crítico-reflexiva, que permitem uma leitura e intervenção sobre a realidade, favorecendo a interação entre os diversos atores e valorizando a construção coletiva do conhecimento e seus diferentes saberes e cenários de aprendizagem". Isso incita, portanto, a aprendizagem significativa que ocorre quando:

> O aluno interage com o assunto em estudo – ouvindo, falando, perguntando, discutindo, fazendo e ensinando – sendo estimulado a construir o conhecimento ao invés de recebê-lo de forma passiva do professor. Em um ambiente de aprendizagem ativa, o professor atua como orientador, supervisor, facilitador do processo de aprendizagem, e não apenas como fonte única de informação e conhecimento. (BARBOSA; MOURA, 2013, p.55)

Nessa concepção, o objetivo deste artigo é apresentar o projeto da prática pedagógica baseada na metodologia ativa de aprendizagem, utilizando a Gamificação como ferramenta de sistematização dos conteúdos formativos dos cursos da Educação Profissional desenvolvidos pelo Grupo CETASS Empreendimentos, pelo CETASS Sênior.

2.0. O PLANEJAMENTO NAS METODOLOGIAS ATIVAS

Para que a mediação de metodologias ativas nas escolas confirme os benefícios teóricos esperados e proporcione resultados reais na prática, o planejamento deve se tornar uma das principais funções do fazer pedagógico. Isso porque pensar em utilizar metodologias ativas na escola implica, invariavelmente, instituir objetivos claros e definidos e conhecer o porquê de sua utilização.

Assim como apontaram Anastasiou e Alves (2007, p.76), podem ser estabelecidas estratégias que permitam a aplicação ou a exploração de meios e condições favoráveis e disponíveis, com vista à consecução dos objetivos específicos propostos. Há, portanto, espaços para a participação dos estudantes, envolvendo-os em suas dimensões mental-cognitiva, afetivo-emocional e sensório-motora, com liberdade de escolha, contextualizações apropriadas, uso e articulação de multimeios didáticos.

Neste contexto, a equipe pedagógica decide utilizar um projeto didático com estratégias de aprendizagem ativa, tendo como foco verificar se os estudantes entenderam os conceitos, desenvolvendo habilidades e atitudes (competências para promover uma aprendizagem mais profunda) (COIL *et al.*, 2010, p 530). Para Bonwell e Eison (1991, p.19), o uso de planejamento e de estratégias educacionais geralmente traz consigo características que promovem a aprendizagem ativa:

- Estudantes mais ativos e envolvidos na aula;
- Menos ênfase em transmitir a informação e mais estímulo ao desenvolvimento de competências para os estudantes;
- Estudantes mais envolvidos em pensamentos de ordem complexa, como análise, síntese e avaliação;
- Maior ênfase na exploração dos próprios valores e atitudes dos estudantes.

A definição pelo tipo de metodologia ativa a ser utilizada em sala de aula demonstra o tipo de aprendizagem que se espera na modalidade ou no nível de ensino correspondente. A educação profissional tecnológica, por exemplo, requer aprendizagem significativa e contextualizada, orientada para o uso das novas tecnologias da informação e comunicação, além de habilidades para solucionar problemas e conduzir projetos nos diversos setores. Essa postura é cada vez mais distante da educação tradicional (BARBOSA; MOURA, 2013, p.52). Existem alguns formatos de metodologias ativas, tais como: (i) aula dialogada; (ii) Phillips 66; (iii) seminário; (iv) tempestade de ideias; (v) dramatização; (vi) portfólio; (vii) mapa conceitual; (viii) solução de problemas; (ix) grupo de verbalização e de observação (GV/GO); (x) estudo de caso; (xi) júri simulado; (xii) simpósio; (xiii) painel; (xiv) oficina; (xv) entrevista; (xvi) ensino com pesquisa (xvii); gamificação, entre outras. Neste estudo, serão apresentados os conceitos da Metodologia Ativa no formato gamificação.

3.0. Sistematizando a aprendizagem pela da gamificação

Todas as ações educativas voltadas para a sistematização da aprendizagem utilizando a Gamificação como recurso didático têm sua estruturação no Projeto Revisitando os Saberes, a seguir descrito.

O Centro Tecnológico CETASS Sênior reconhece sua responsabilidade enquanto instituição inserida nesta mesma sociedade, bem como a importância da parceria, para juntamente à escola somar esforços, cooperando no processo ensino-aprendizagem e na formação do sujeito social em sua integralidade.

Diante disso, implementou o Projeto Revisitando os Saberes, em parceria com o NAPPE (Núcleo de Atendimento Profissional Psicossocial e Educacional), para atender os alunos por turmas de todos os cursos profissionalizantes, técnicos e especializações, visando ao desenvolvimento das competências compatíveis à formação pretendida.

3.1. Justificativa

Ser parceiro do aluno nas dificuldades significa ficar atento à maneira como os alunos aprendem, preocupando-se com a forma de corrigir e lidar com o erro. É fundamental mudar a postura e transformar o erro e as dificuldades em situações de aprendizagem, para que todos possam acertar juntos e alcançar os objetivos propostos.

A finalidade do Projeto Revisitando os Saberes é trabalhar coletivamente, reformulando atividades e construindo novos meios que levem os alunos a "se descobrirem" e a "descobrirem" o seu potencial, resgatando sua autoestima e transformando-os em alunos capazes de ter conhecimento e capacidade de aprender.

3.2. Objetivos Gerais

- Criar condições favoráveis que levem os alunos a aproximar-se mais do conhecimento, utilizando meios interativos tecnológicos;
- Adotar e estimular os alunos a adotar novas técnicas, métodos e procedimentos por meio de jogos interativos, como forma de trabalhar as atividades nas quais apresentarem dificuldades;

3.3. Operacionalização e Estratégias

Temos a convicção de que o aluno é o "centro do processo educativo" e cabe ao professor ser um agente ativo, mediador entre aluno e conhecimento, responsável pela sua formação e pela sua aprendizagem. Visando alcançar esse perfil, o projeto deverá ser operacionalizado observando como estratégias:

- O professor deve planejar atividades diversificadas que estimulem a compreensão do aluno e, ao mesmo tempo, despertem seu interesse;
- As atividades devem ser dinâmicas, de forma a atingir a dificuldade apresentada e, ao mesmo tempo, orientadas para explorar o ponto negativo apresentado;
- Os *games* devem ser escolhidos após diagnóstico dos alunos informando o que aprenderam e o que não aprenderam, para que seja possível definir como sanar suas dificuldades.

3.4. Funções e Responsabilidades

3.4.1. Compete ao Coordenador

O Coordenador que atua no Projeto Revisitando os Saberes deve:

- Apoiar e auxiliar o professor na elaboração das Atividades Educativas com base na gamificação;
- Analisar, junto ao professor, as Fichas de Acompanhamento enviadas pelo NAPPE e auxiliar no preenchimento das Fichas de Acompanhamento e Encerramento do Componente Curricular.

3.4.2. Compete ao NAPPE – Núcleo de Atendimento Profissional, Psicossocial e Educacional

O NAPPE, no Projeto Revisitando os Saberes, deve:

- Operacionalizar os envios das Atividades Educativas com base na gamificação para os alunos, de acordo com as orientações dos professores e coordenadores;
- Auxiliar a Coordenação do Projeto nas necessidades técnicas-pedagógicas durante a execução do projeto.

3.4.3. Compete aos Professores

Os professores, na atuação do Projeto Revisitando os Saberes, devem:

- Encaminhar para os coordenadores as Atividades Educativas com base na gamificação relacionadas ao Componente Curricular que estiverem ministrando;
- Desenvolver e/ou indicar as Atividades Educativas tomando como parâmetro os saberes (conteúdos e/ou práticas) que os alunos apresentarem maiores dificuldades;

- Cooperar e fomentar o Projeto Revisitando os Saberes com recursos que supram as necessidades no processo de ensino-aprendizagem de cada aluno/turma.

4.0. Considerações finais

Mudar a prática de ensinar não significa mudar o funcionamento das atividades escolares. Precisamos adotar meios e métodos que valorizem nosso aluno e ao mesmo tempo buscar trabalhar dentro de uma proposta inovadora e consciente. Diante dos desafios que se apresentam, devemos preparar os alunos e ao mesmo tempo estarmos preparados para novas mudanças.

Concebemos que o aluno motivado, conectado e capaz de interagir com o mundo aprende com mais facilidade e interesse, e consegue estabelecer relações entre sua vivência e o que acontece ao seu redor.

Devemos procurar meios e formas adequadas de conduzir o nosso aluno a um crescimento pessoal e intelectual. Precisamos proporcionar condições para que ele seja um "aluno criativo, feliz", capaz de realizar suas atividades com interesse, bom desempenho e vontade de aprender.

Se o professor apresentar vontade, interesse e responsabilidade em recriar e refazer sua proposta de trabalho introduzindo a tecnologia, com certeza os alunos responderão com atitudes positivas e, ao mesmo tempo, apresentarão resultados satisfatórios.

Referências

ANASTASIOU, Léa das Graças Camargos; ALVES, Leonir Pessate (orgs.). Processos de Ensinagem na Universidade. *Pressupostos para estratégias de trabalho em aula.* 7. ed. Joinville: Univille, 2007.

BARBOSA, Eduardo Fernandes; MOURA; Dácio Guimarães. *Metodologias ativas de aprendizagem na educação profissional e tecnológica. Boletim Tec. Senac,* Rio de Janeiro, v.39, n.2, p. 48-67, 2013.

BRASIL. Presidência da República. Lei n 9.394, de 20 de dezembro de 1996. Estabelece as diretrizes e bases da educação nacional.

COTTA, Rosângela Minardi Mitre; SILVA, Luciana Saraiva da; LOPES, Lílian Lelis; GOMES, Karine de Oliveira. *Construção de portfólios coletivos em currículos tradicionais: uma proposta inovadora de ensino-aprendizagem.* Ciência & Saúde Coletiva. v. 3, n.17, p. 787-796, 2012.

MELO, Bárbara de Caldas; SANT'ANA, Geisa. *A prática da metodologia ativa: compreensão dos discentes enquanto autores do processo ensino aprendizagem. Comum.* Ciênc. Saúde, v. 4, n. 23, p. 327-339, 2012.

SAVIANI, Demerval. *Escola e democracia.* 24. ed. São Paulo: Cortez, 1991.

Capítulo 10

Lego Gamification: A Metodologia LEGO®

Neste capítulo reforça-se a necessidade do desenvolvimento e a aplicação de novas metodologias e métodos de ensino que favoreçam a mudança do modelo mental dominante, o pensamento sistêmico, a inovação e a solução de problemas reais que motivem os aprendentes para uma aprendizagem efetiva no ensino superior. A metodologia Lego® Serious Play® surge como uma alternativa para contribuir na melhoria dos resultados no processo de aprendizagem em ambientes e aprendizagem ativa.

Nedisson Luis Gessi

Nedisson Luis Gessi

Doutorando em Desenvolvimento Regional, Mestre em Ensino Científico e Tecnológico, Mestre em Destino Público (Argentina), MBA em Educação Híbrida Metodologias Ativas e Gestão da Aprendizagem, pós-graduado em Informática na Educação, pós-graduado em Formação Pedagógica para Docentes da Educação Profissional Técnica e Tecnológica, Graduado em Sistemas para *Internet*, Graduado em Gestão da Tecnologia da Informação, Graduado em Administração de Empresas com Ênfase em Análise de Sistemas. Membro da Câmara Especial de Tecnologia e Inovação do CRA-RS. Membro do corpo Editorial da Revista Científica da FEMA e Avaliador da Revista Eletrônica Argentina-Brasil de Tecnologia da Informação e da Comunicação. Coordenador da Incubadora Acadêmica (IATI-FEMA) e do Núcleo de Inovação e Tecnologias Educacionais (NITED-FEMA) da Fundação Educacional Machado de Assis. Facilitador Lego® Serious Play® com Certificação Internacional, reconhecida pela LEGO® (*Certified by the Global Federation of LSP Master Trainers*).

Contatos

nedisson@fema.com.br
Instagram: nedissongessi
Facebook: www.facebook.com/nedisson.luisgessi
LinkedIn: linkedin.com/in/nedisson-luis-gessi
(55) 99991-6326

Para alcançar os melhores resultados, a aprendizagem ativa requer ambientes de aprendizagem apropriados por meio da implementação de estratégias, nas quais o aprendente é agente no processo de aprendizagem.

Os ambientes devem promover a aprendizagem baseada na investigação de conteúdos autênticos e, na medida do possível, acadêmicos, encorajar as habilidades de liderança e autoconhecimento dos aprendentes por intermédio de atividades de autodesenvolvimento, promover a aprendizagem colaborativa para construção de comunidades de aprendizado, propiciar um ambiente dinâmico pela aprendizagem interdisciplinar gerando atividades de alto impacto para uma melhor experiência de aprendizagem e, por fim, os ambientes de aprendizagem ativa como promotor da integração do conhecimento já existente com novos conhecimentos que possibilitem uma rica estrutura de compartilhamento entre os aprendentes. (SILVA, 2018)

Face à importância e necessidade das IES investirem em ambientes de aprendizagem ativa, dessa forma a Lego® Serious Play® surge como uma alternativa para contribuir na melhoria dos resultados no processo de aprendizagem, uma vez que a metodologia promove o *psychological flow* permitindo que os estudantes ganhem mais do processo de aprendizagem ao serem envolvidos, engajados e tendo prazer em participar.

Ambientes de Aprendizagem Ativa

O modo como está estruturada tanto a escola como a universidade, atualmente, evidencia um modelo de educação que existe há mais de um século. No entanto, esse mesmo modelo se mostra incapaz de sustentar os novos desafios da sociedade contemporânea.

Dessa forma, o ensino superior precisa romper com o modelo tradicional de ensino, que tem como premissa um viés conteudista em que o professor é um mero transmissor de informações, sendo a prática da maioria das Instituições de Ensino Superior no Brasil.

A base do atual modelo é "ouvir-entender-memorizar-repetir-exercitar". A estrutura curricular é fragmentada em disciplinas e pressupõe que, de algum modo, o estudante seja capaz de realizar a integração desses elementos, fato esse que na prática efetivamente não ocorre.

Portanto, torna-se necessário pensar novos modelos para novos tempos, modelos preocupados em facilitar a aprendizagem, minimizar o excesso de aulas expositivas que, segundo estudos, demonstraram baixo impacto de aprendizagem, mudar o foco do estudante, de sujeito passivo para um sujeito autônomo e capaz de aprender a aprender. Assim, percebe-se a necessidade de mudanças para atender os novos desafios da contemporaneidade. As mudanças devem ocorrer no modelo atual, que tem como foco a metodologia expositiva de ensino para metodologias ativas de aprendizagem, ou simplesmente mudança do foco no ensino para o foco na aprendizagem.

A alternativa que muitas Instituições de Ensino Superior vêm utilizando é a de aderir ao modelo com viés na aprendizagem, ou seja, aprendizagem ativa. Muitos estudos provaram que a aprendizagem ativa como estratégia promove níveis de conquista e domínio do conteúdo, bem como sua aplicabilidade, que só é possível por meio de atividades que façam com que o estudante esteja participando ativamente do processo, de tal forma que ele próprio torna-se agente de sua aprendizagem.

Em um ambiente de aprendizagem ativa, o professor atua como orientador, um supervisor, facilitador do processo de aprendizagem e não apenas fonte única de informação e conhecimento. Independentemente do método ou da estratégia usada para promover a aprendizagem ativa, é essencial que o aluno faça uso de suas funções mentais. Em outras palavras, a diferença fundamental que caracteriza um ambiente de aprendizagem ativa é a atitude ativa da inteligência, em contraposição à atitude passiva geralmente associada aos métodos tradicionais de ensino. (BARBOSA e MOURA, 2014)

A aprendizagem é mais significativa com as metodologias ativas de aprendizagem. Além disso, os estudantes que estão inseridos em ambientes de aprendizagem ativa adquirem mais confiança em suas decisões e na aplicação do conhecimento em situações práticas. Melhoram o relacionamento com os colegas, aprendem a se expressar melhor oralmente e por escrito. Adquirem gosto para resolver problemas complexos e vivenciam situações que requerem tomar decisões por conta própria, reforçando a autonomia no pensar e no atuar. (PEIXOTO, 2016)

Portanto, a contemporaneidade traz novos rumos para os ambientes de aprendizagem. Tanto professores quanto os demais profissionais da educação devem se questionar sobre a possibilidade da construção de um mundo diferente, impulsionado por uma educação transformadora, que pressupõe a valorização das diferenças e a não linearidade e fragmentação do conhecimento. Vislumbrar a importância de um aprendizado efetivo, no qual o estudante possa desenvolver a capacidade de agir a partir do conhecimento e habilidades adquiridas, colocando-as em prática em diferentes contextos e situações e gerar resultados efetivos a partir delas.

A Metodologia Lego® Serious Play® (LSP)

Pesquisas recentes comprovaram que as mãos estão conectadas com cerca de 70% a 80% das nossas células cerebrais. Nossos cérebros estão limitados em relação à quantidade de informação com a qual conseguem conscientemente lidar de uma só vez. Com ajuda de todas as conexões neurais em nossas mãos, sabemos muito mais do que pensamos saber em determinado momento. Ao usar as duas mãos simultaneamente, engajamos ambos os lados dos nossos cérebros. (MCCUSKER, 2014)

A brincadeira séria é particularmente boa para melhorar a reflexão crítica, encorajar a troca de conhecimento e promover a resolução inovadora de problemas. O brincar é onde os objetos são transformados e situações do mundo real são vivenciadas na brincadeira. Oliveira (1997) destaca que, para Vygotsky, essa atividade tem relação direta com desenvolvimento: ao brincar, a criança cria uma zona de desenvolvimento proximal devido à elaboração de situações mais complexas, como dar significado a um objeto diferente da função real, assim como imitar um papel durante uma brincadeira. Nessa brincadeira de faz-de-conta, existem regras, uma vez que, para imitar um personagem, a criança preocupa-se em fazê-lo tal como é, conferindo a regra da brincadeira.

Assim a brincadeira séria proporciona a construção de habilidades básicas (*Skill Building*), pois é no momento em que a brincadeira séria abre oportunidade para construir e abordar de forma crucial histórias que se relacionam às experiências vividas e às perspectivas pessoais, criando um espaço seguro no tempo para que as pessoas compartilhem seus pensamentos internos com os outros. À medida que as pessoas constroem e desconstroem com o LEGO®, elas também estão construindo em suas mentes. As atividades da brincadeira séria permitem questões e respostas e uma reflexão crítica que afeta tanto a forma quanto a função do brincar. (HINTHORNE E SCHNEIDER, 2012)

A Metodologia Lego® Serious Play® foi desenhada para explorar e lidar com oportunidades e problemas reais em tempo real. Foi concebida como ferramenta interativa para resolução de problemas, desenvolvida especificamente para ajudar a solucionar, de forma criativa, problemas de negócios e de comunicação. O uso de ferramentas práticas e criativas tem se demonstrado útil em auxiliar no processo de ideação, análise de risco, comunicação e colaboração, o que se adapta muito bem às novas demandas das Instituições de Ensino Superior no contexto do século XXI.

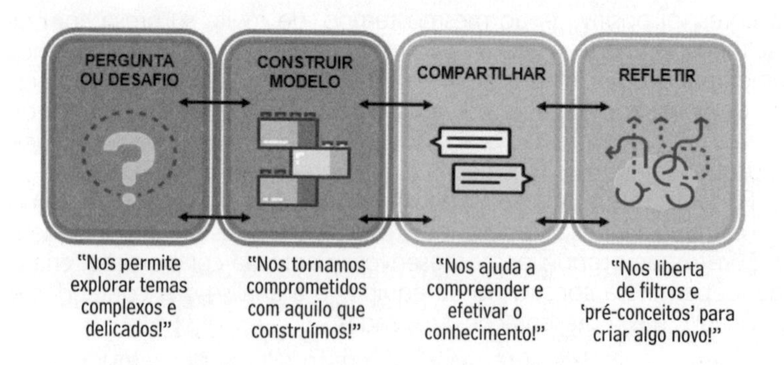

Figura 1 – Visão Macro da Metodologia LSP.

A Figura 1 ilustra uma visão macro da Metodologia Lego® Serious Play® e adiciona a essa estrutura a ideia do *storytelling*, além do lúdico e da metáfora. No *storytelling*, as pessoas pensam em formato de narrativas ou histórias e é dessa maneira que compreendem o mundo, por meio de personagens, desejos e motivações.

Percepções da utilização da LSP em sala de aula

A partir das observações cruzadas com os relatos docentes e com a questão aberta, foi questionado aos estudantes como avaliam, de forma geral, o processo envolvendo a metodologia LSP. Dentre as percepções elencadas pelos estudantes, evidenciaram-se as competências de engajamento, criatividade, capacidade de inventividade, capacidade de resolução de conflitos e dilemas transversais e da possibilidade de uma aula mais leve, divertida e, ao mesmo tempo, colocando em prática os conteúdos previamente vistos via plataforma eletrônica.

Os estudantes tiveram boa receptividade por parte do método utilizado, em que foi possível, por parte dos próprios estudantes, perceber a importância do que estavam fazendo naquele momento e como aqueles conhecimentos ali trabalhados podem ser aplicados no mundo do trabalho.

Dessa forma, a metodologia LSP aproxima-se do modelo teático (junção das palavras teoria e prática). Ainda conforme relatos dos docentes participantes da atividade, em suas observações perceberam os estudantes mais participativos (engajados), com desenvoltura na oralidade e maior apropriação do conteúdo estabelecido.

Apesar do desconhecimento da utilização da metodologia LSP no contexto educacional, a percepção tanto dos estudantes quanto dos docentes foi positiva e, ao mesmo tempo, de muita surpresa com os resultados em curto prazo. A partir dos relatos docentes, os mesmos comentaram que determinados estudantes, em suas aulas regulares, não demonstram interesse ou ainda apresentam sérias dificuldades de se relacionar, na expressão oral e no trabalho cooperativo. Na atividade proposta não eram os mesmos, o que surpreendeu os docentes.

Portanto, a metodologia Lego® Serious Play® mostrou-se como uma estratégia inovadora no contexto dos ambientes de aprendizagem ativa, visto que proporciona o desenvolvimento da colaboração, criatividade, permite a construção de equipes e a análise dos conteúdos e significados das representações realizadas.

Considerações finais

Destaca-se que a metodologia Lego® Serious Play® facilita o desenvolvimento de indivíduos, equipes e organizações, melhorando a comunicação, o pensamento e a materialização de ideias. Os processos de análise e de solução de problemas complexos também são favorecidos e promovem o aprendizado, o engajamento e o comprometimento das pessoas e potencializam seu desempenho.

Quando pensamos com as mãos, acionamos maior número de células cerebrais para funcionar, assim as soluções tendem a chegar de forma mais rápida e criativa. Esta é a premissa principal por trás da metodologia Lego® Serious Play®. Desenvolvido em 1996 pela LEGO®, essa metodologia busca estimular o uso das tradicionais peças de encaixe para encontrar soluções inovadoras a problemáticas de diversas naturezas e, assim, promover experiências de aprendizagem mais duradouras e significativas.

A metodologia Lego® Serious Play® permite, exatamente, que se crie um ambiente no qual são geradas condições para que os estudantes sejam cada vez mais ativos no processo da aprendizagem, encorajando-os para este fim; além de estimulá-los, agucem o senso crítico, contextualizem e conectem os temas propostos na aula com a vida real, bem como que os próprios aprendizes desenvolvam as soluções dos problemas abordados.

A metodologia LSP ainda é algo muito novo no Brasil, mas tem crescido de forma muito rápida. Empresas como Kraft, Coca Cola, Unilever, Dupont, Google, Nasa, Toyota, Fedex e muitas outras já colhem frutos da aplicação deste método.

Conclui-se que a metodologia Lego® Serious Play® surge como uma alternativa para contribuir na melhoria dos resultados no processo de aprendizagem em ambientes e aprendizagem ativa no ensino superior. Ainda há muito o que se explorar com Lego® Serious Play®, que possui grande riqueza de estímulos e diversos conhecimentos que os sustentam.

Por fim, destaca-se a necessidade de estudos com maior profundidade acerca da aplicabilidade e efetividade da metodologia Lego® Serious Play® no contexto dos ambientes de aprendizagem ativa no ensino superior.

Referências

BARBOSA, Eduardo Fernandes; MOURA, Dácio Guimarães de. *Metodologias ativas de aprendizagem no ensino de engenharia. XIII International Conference on Engineering and Technology Education.* Guimarães, Portugal, 2014.

HINTHONE, Lauren Leigh; SCHNEIDER, Katy. *Playing with Purpose: Using Serious Play to Enhace Participatory Development Communication in Research.* International journal of Communication, 2012.

MCCUSKER, Sean. *Lego®, Serious Play® TM©: Thinking About Teaching and Learning. International journal of knowledge, innovation and entrepreneurship*, v. 2, nº. 1, p. 27-37, 2014.

OLIVEIRA, Marta Kohl. *Vygotsky: aprendizado e desenvolvimento um processo sócio-histórico.* São Paulo: Scipione, 1997.

PEIXOTO, Anderson Gomes. *O uso de metodologias ativas como ferramenta de potencialização da aprendizagem de diagramas de caso de uso.* Periódico Científico Outras Palavras, v.12, n. 2, 2016.

SILVA, Lessandro Sassi da. *Tudo o que você precisa saber sobre aprendizagem ativa.* 2018. Disponível em: <https://www.rhacademy.com.br/single-post/2018/02/20/>. Acesso em: 30 de set. de 2019.

Capítulo 11

A leitura de imagem como ferramenta de práticas pedagógicas ativas e socioemocionais

Vivemos tempos de leituras rápidas, mensagens curtas e interpretações variadas. As imagens são cada vez mais usadas para este fim, com diferentes intenções, com movimentos, ou não. Seu uso é universal e eficiente. Atire uma pedra quem nunca respondeu a uma mensagem longa com apenas um emoji. Será que a pessoa que recebeu sua imagem de rostinho expressivo teve a mesma interpretação que a sua intenção? É sobre isso que vamos tratar neste texto.

Mariângela Petrosino

Mariângela Petrosino

Graduação em Biologia - licenciatura e bacharelado – na Universidade Mackenzie, São Paulo/SP. Especialização em Oceanografia no Instituto Oceanográfico da Universidade de São Paulo. Especialização em Bioética na Universidade Federal de Lavras – MG. Especialização em Bioética na Saúde na Faculdade de Medicina da Universidade de São Paulo. Especialização em Bioética e Cuidados Paliativos na Faculdade de Medicina da Universidade de São Paulo. Especialização em Bioética na Educação na Faculdade de Saúde Pública da Universidade de São Paulo. Experiência como professora no Ensino Fundamental I, no Ensino Fundamental 2 e no Ensino Médio, em escolas públicas e privadas. Professora-orientadora no curso de Pedagogia da UNIP e UNiB. Professora de Biologia no Pré-Vestibular Anglo – Projeto Social da Somos Educação em São Paulo. Especialização em Contação de Histórias – Projeto Contar e Encantar – SP. Realiza palestras, formações profissionais, treinamentos, consultorias e eventos. Assessora pedagógica do Sistema Anglo de Ensino.

Contatos
maripetrosino7@gmail.com
(11) 97676-9671

Antes de pensarmos na Leitura de Imagem como prática pedagógica, é preciso entender que ler imagens é um processo que se inicia assim que a pessoa adquire a consciência de ser e de estar na vida. Os bebês podem reconhecer a fisionomia de outra pessoa sem entenderem os significados das palavras ditas. Eles leem e interpretam a imagem expressa nos rostos dos que convivem com eles. Ao longo do desenvolvimento humano, a leitura, a compreensão, a interpretação e as tomadas de decisões serão mais assertivas quanto mais próximas estiverem da intenção da imagem observada, seja ela natural ou manipulada. Assim posto, a criança já chega à escola com essa habilidade em desenvolvimento. Cabe à comunidade escolar enriquecer, instrumentalizar, capacitar e lapidar a Leitura de Imagens por meio de novas propostas pedagógicas que tragam conhecimentos acadêmicos, inquietações emocionais, que desafiem padrões, capacitando o aprendiz a perceber os propósitos por trás da produção de uma imagem. A este processo de compreensão do mundo em que estamos inseridos podemos dar o nome de Alfabetização Visual.

Em todo processo de alfabetização, são necessárias a compreensão e a expressão por meio de um sistema próprio. Na Alfabetização Visual, é preciso desenvolver o domínio da linguagem para cumprir as duas funções inerentes à Leitura de Imagens: informação e comunicação, pois estas são as formas para desenvolver a compreensão do mundo. Ao formar alfabetos visuais, a análise crítica das imagens e a capacidade de criar imagens são os principais objetivos desse processo.

Um aspecto que favorece muito o trabalho pedagógico com imagens é que não há limites para a Alfabetização Visual, estamos em constante aprendizado, com infinitas possibilidades de leituras. Não importa a idade do aprendiz, pode ser da educação infantil ou da pós-graduação, a possibilidade de desenvolver um novo olhar, de ter uma nova experiência a partir da leitura de uma imagem está sempre presente. Claro que dependerá das habilidades do profissional envolvido nessas atividades, dos estímulos para a leitura da imagem, da escolha certa das imagens mais cabíveis para a situação, da estratégia do uso das imagens e dos objetivos que o professor quer atingir.

É preciso ter ciência de que as atividades propostas para se trabalhar com Leitura de Imagens são essencialmente ativas, ou seja, o aluno precisa ter voz na sala de aula para expressar seu ponto de vista, a construção dessa Leitura é feita de forma colaborativa, pois a percepção do outro afeta a cada um e a de toda a turma, incluindo a percepção do professor. O aprendizado é maior se desenvolvido no coletivo, as contribuições das falas dos alunos, as observações criadas no conjunto da turma serão mais ricas e interessantes por serem significativas para esses alunos. A mesma atividade em outra turma pode ter percepções e resultados diferentes. Essa é uma das riquezas da Leitura de Imagem: a capacidade de refletir quem a lê.

Trabalhar com Leitura de Imagem na sala de aula também é romper um paradigma muito forte nesse ambiente: não existe certo ou errado! O que importa é se a leitura efetuada pelo aluno está no contexto apresentado, se a argumentação da turma se sustenta dentro dos objetivos da aula, por isso o planejamento dessas atividades precisa ser feito com muito cuidado, sem perder de vista os objetivos e as habilidades a serem desenvolvidas com a atividade em questão. A Leitura de Imagens traz à tona o conhecimento formal sobre a imagem apresentada, e também os valores de quem a lê, as percepções subjetivas, memórias reais ou afetivas e gostos pessoais, ou seja, remete às experiências vividas e histórias de vida de todos os participantes da atividade. São sempre momentos únicos e regados a emoções.

Todo educador é capaz de trabalhar com leitura de imagem. Não há assunto, conteúdo ou disciplina que exclua essa prática. O que pode ser um fator limitante são as habilidades que o docente tem para trabalhar essa metodologia. Já diz um ditado popular: "ninguém dá o que não tem". Para ser um alfabetizador de imagens, o primeiro a estar alfabetizado é o educador que vai desenvolver essa prática. Esse educador analisa criticamente as imagens que vê? É capaz de olhar com os olhos do outro? Sabe aceitar uma resposta diferente daquela que ele imaginou ou "quer ouvir"? É criativo? É empático? Conhece a história da imagem?

As aulas voltadas para Leitura de Imagens precisam ser bem planejadas, pois é necessário um tempo para a observação da imagem, compreender as mensagens subliminares, interpretar, relacionar com o tema da aula e então participar, dar a opinião, fazer uma leitura coerente com suas percepções compartilhando com os colegas. Nesse caminhar pedagógico é muito importante o estímulo, a confiança e o respeito que o professor estabelece com a turma. Somente alunos empoderados dessas percepções são capazes de expor seus verdadeiros sentimentos e pontos de vista, sem medo de passarem "mico" ou de serem ridicularizados pela turma.

As imagens escolhidas para serem usadas na sala de aula precisam ser muito bem pensadas para atrair a atenção dos alunos, despertar sentimentos e conversar com o propósito da aula. As imagens precisam ser significativas e envolventes para que os alunos se reconheçam e estabeleçam relações com o conteúdo/habilidades que o professor deseja desenvolver. Na escolha da imagem, deverão ser levados em conta a idade e a maturidade da turma, os valores religiosos e éticos, a estética e a intenção da imagem. Despreze imagens que valorizem estereótipos, preconceitos e futilidades (exceto se a intenção da aula for trabalhar esses temas). Evite colocar imagens óbvias sobre o tema da aula, por exemplo, se a temática for desmatamento florestal, não use imagem de uma floresta que foi queimada. Provavelmente essa imagem já está no material do aluno e não permite que sejam criadas hipóteses, argumentações e relações emocionais com o desmatamento florestal. Inicie a aula com a imagem de um animal perdido, ou até mesmo acuado pelo fogo. Deixe que os alunos observem a imagem por um tempo, pergunte o que sentem, se já tiveram sentimentos parecidos, quais são seus medos. Mude para uma imagem de reflorestamento natural, como a floresta brotando novamente. Deixe que observem, pergunte se algo já renasceu neles ou que gostariam que renascesse. Mostre outra imagem de um bife bem suculento. De um sapato de couro bem bacana. Mostre um gráfico com os valores de exportação que o agronegócio possibilita. Pronto! Agora, medeie a discussão. Não há certo ou errado, há o que de fato as imagens mostram. Como atividade, proponha aos alunos acharem o caminho do meio. Monte grupos com pessoas de opiniões diferentes. Diga que são os ministros daquele país e terão 20 minutos para apresentarem uma solução viável. Nessa atividade, relativamente simples, estão sendo desenvolvidas diversas habilidades, desde as mais simples, como reconhecer um ambiente, uma situação, até as mais complexas, como a resolução de um problema. É importante que os resultados sejam compartilhados com a turma, e ao professor cabe a análise final e inserção de questões que podem ter ficado de fora.

A escolha das imagens precisa trazer o que há de essencial no propósito da aprendizagem, e não somente o supérfluo. Precisa aliar o conhecimento técnico necessário do tema proposto com as emoções e empatias possíveis com essa temática. Assim, o aprendizado é mais significativo, amplia-se o repertório do aluno e seu conhecimento de mundo.

Existem diversos aplicativos que podem ser usados em sala de aula e avaliam as respostas dos alunos em tempo real. Uma dinâmica interessante é mostrar uma imagem relacionada a notícias reais e *fake news*. A partir das respostas dos alunos, que serão expostas na lousa, discutir a fragilidade da segurança de informações, a alta exposição das pessoas às redes sociais e a importância do conhecimento formal para evitar essas ciladas em forma de notícias.

A Base Nacional Comum Curricular (BNCC), documento normativo e presente nas escolas de educação básica, traz dez competências gerais e, em todas elas, as atividades com Leitura de Imagens são bem-vindas.

Utilizar essa estratégia pedagógica desenvolve habilidades imaginárias, a oralidade, a criatividade, a ampliação de repertório e interações humanas. Inclusive em nós, professores.

Referências

ATELIER DA IMAGEM. *Os elementos básicos da linguagem visual.* Disponível em: <https://www.atelierdaimagem.org/v2/modulos/3/elementos.php>. Acesso em: 01 de set. de 2020.

KELLNER, Douglas. *Lendo imagens criticamente.* Disponível em: <https://pt.scribd.com/document/185299611/KELLNER-DOUGLAS-Lendo-imagens-criticamente-Em-direcao-a-uma-pedagogia-pos-moderna>. Acesso em: 01 de set. de 2020.

PAULA, Daniele Rizental de. *Leitura de imagem na prática pedagógica.* Disponível em: <http://www.diaadiaeducacao.pr.gov.br/portals/pde/arquivos/1577-8.pdf>. Acesso em: 01 de set. de 2020.

SARDELICH, Maria Emilia. *Leitura de imagens, cultura visual e prática educativa.* Disponível em:<http://www.scielo.br/pdf/cp/v36n128/v36n128a09.pdf>. Acesso em: 01 de set. de 2020.

Capítulo 12

O legado da criatividade

"A criatividade é a sublime dimensão da condição humana."
(Sanchez)

Por ser sublime, ganhou uma data no calendário para ser celebrada. É a mola propulsora da inovação e está acessível a todas as pessoas. Portanto, abrir espaço para desenvolvê-la no ambiente escolar é garantir cidadãos mais aptos para conquistarem seus espaços em tempos em que a tecnologia cada vez mais ocupa o lugar do homem, especialmente quando nos referimos ao ambiente de trabalho.

Verônica Penafort

Verônica Penafort

Nascida em Macapá - AP, em 11/04/1964, formou-se em Economia Doméstica pela UFRRJ - Universidade Federal Rural do Rio de Janeiro, com especialização em Atualização Pedagógica – UFRJ. Apaixonada pela arte de ensinar, atuou como professora de Ciências e Inglês, foi coordenadora pedagógica, além de desenvolver trabalhos de *marketing* educacional. É roteirista e produtora de espetáculos infantis, poetisa e coautora do livro *Às margens férteis do Rio Uma - Antologia Interartística*, Editora Giro, Salvador-BA, com poesia e crônica.

Contatos
penafort3@hotmail.com
Instagram:@vpenafort
Facebook: Verônica Penafort
(75) 99981-2181

A criatividade ganhou um dia para ser celebrada no calendário: 21 de abril - Dia Mundial da Criatividade e Inovação, resolução 71/284 da ONU - com o intuito de incentivar o pensamento multidisciplinar criativo nos níveis individuais e em grupo, habilidade essencial para que sejam atingidas as metas globais.

Se temos um dia para celebrar, é porque a Criatividade veio subindo no *ranking* das 10 competências mais importantes para o profissional do futuro. Em 2015, ela ocupava o 10.º lugar de acordo com o Fórum Mundial Econômico, que acontece anualmente em Davos-Suíça; cinco anos depois, ela veio ganhando ar de estrela. Em 2020, já ocupa o 3.º lugar. Merecido lugar, afinal, robôs são programados para repetir e repetir e repetir, enquanto nós, humanos que somos, diferenciamo-nos por "cruzarmos referências do que conhecemos para criarmos o que pensamos". Os profissionais do futuro, não tão distante, precisam acompanhar o protagonismo que a tecnologia vem alcançando quando provoca transformações aceleradas no mercado de trabalho. Somente um currículo rico não será suficiente para a sonhada inserção, mas a exigência de habilidades que se destaquem como características de empreendedor, dentre tantas, a resolução de problemas complexos, o pensamento crítico e a criatividade. As três primeiras dentre as dez listadas pelo Fórum e que são particularidades da condição humana.

Quanta exclusividade! Se as máquinas estão fazendo mais e melhor do que nós, a culpa não é das estrelas, nós as inventamos. Competir com elas é exigir novas habilidades, pois empregos deixam de existir e é certo que a revolução tecnológica exigirá sempre novas profissões, portanto novas competências. Se habilidades técnicas, as *hard skills*, são aprendidas facilmente, é papel da escola começar hoje a ter seus *insights* sobre o *savoir-faire*. Já as habilidades comportamentais, as *soft skills*, por serem subjetivas, precisam de um olhar intimista, uma vez que aqui lidamos com relacionamentos e interação de pessoas. Então, é hora de aplaudirmos a nova BNCC que exige a aplicação de conteúdos que permitam o desenvolvimento de habilidades socioemocionais dos estudantes para que seus *clicks* sejam humanizados.

A criatividade precisa estar onde o homem está. Exemplos como Joseph Pilates, Jacques Cousteau e Charlie Chaplin estão aí para que possamos admirar. Eu tinha que citar alguém ligado à arte porque tenho certeza de que, se perguntarmos o significado da palavra criatividade, sua definição estará ligada à arte, especialmente se tratar de coisas concretas, tais como engenhocas, pintura etc.

A criatividade consiste na capacidade de se resolver problemas sem muito esforço, em situações simples, coisas do cotidiano ou situações complexas, como o melhor meio de retirarmos um tumor sem lesar o órgão que já está frágil ou até em como desatolar um pneu na areia da praia, já que a maré chegará ao carro e a possibilidade de ser engolido pela água do mar é grande. Imaginemos o tamanho da aflição. Quanto mais você acelera o carro, mais o pneu enterra na areia e maior a dificuldade de tirá-lo de lá.

Quando a escola inserir a criatividade como prioridade no seu planejamento e chegar com toda a força na formação de um aluno, desde a sua tenra idade até os últimos anos de sua formação básica e nível superior, o comprometimento dos docentes fará toda a diferença. Por quê? Porque ser criativo é uma questão de percepção, não somente de talento; é uma questão do "deixar fazer", não do "entregar pronto"; é permitir um tempo maior entre uma pergunta e a resposta; é ainda a condição que se oferece para que cada indivíduo consiga resolver desafios que são oferecidos e aceitos. Eu disse "aceitos" por parte de quem está confiante de que cada estudante é percebido em suas diferenças e limitações, portanto quer impulsioná-lo.

Voltando ao carro atolado na areia: se for apresentado ao estudante que muitas vezes é preciso pensar antes de agir, que o reflexo e o impulso são bons aliados em situações emergenciais, tais como o reflexo para tirar a mão imediatamente ao tocarmos em um objeto quente, permitiremos que ele encontre a poção mágica, extraindo dos conceitos e das teorias dos conteúdos abordados a solução para o problema. Então, faremos ecoar os conhecimentos pelas ações, até mesmo imperceptíveis no cotidiano.

Aplicando o princípio da Física, pode-se utilizar o macaco, improvisar com galhos, pedaços de madeira ou pedra para fazer um caminho que acomode a roda do carro e ela não afunde na areia, para sentir-se aliviado e contente por ter conseguido solucionar o problema sem nunca sequer ter visto isso em filme de aventura. Ser criativo é ter conceitos para transformar em ações e resolver problemas com o menor esforço.

O que Joseph Pilates tem a ver com criatividade? Ainda adolescente, como autodidata, procurou superar o problema de raquitismo, asma e febre reumática, estudando Anatomia, Fisiologia Humana e fundamentos da medicina oriental. Moveu sua criatividade ao longo da vida, conseguindo superar tais problemas. Quando adulto, confinado em um campo de concentração, exercitava-se e incentivava os outros a fazerem o mesmo, utilizando objetos que dispunha no local, tais como molas de cama, para reabilitar pessoas acamadas. Inspirou-se no barril de cerveja para criar o Barrel. Isso lhe deu inspiração para criar o método Pilates de condicionamento físico. Hoje muito difundido por seu princípio atuar de forma individualizada de acordo com a necessidade de cada pessoa, fugindo dos exercícios físicos padrões. Seu método e equipamentos evoluíram a tal ponto que ecoam até hoje no trabalho dos fisioterapeutas.

Jacques Cousteau desbravou as profundezas de oceanos e as entranhas do rio Amazonas graças às suas surpreendentes invenções que inspiraram cineastas, oceanógrafos, documentaristas. Sua criatividade ecoa pelo aprimoramento de tantos outros Jacques que ousaram aprimorar e inventar novos equipamentos para esse fim, deixando claro que é a mola propulsora da inovação.

Se falarmos de Charlie Chaplin, precisamos puxar o fôlego para citar suas habilidades: ator, diretor de cinema, compositor, roteirista, produtor cinematográfico. Notabilizado pelo uso da mímica e da comédia pastelão, foi um pantomímico nato. Por meio dele, a arte vai aparecer com certo toque de *glamour* quando o assunto é ser criativo. Sem palavras, apenas expressões e graça nos cenários dos filmes, esse sensível artista deixou seu legado nas películas em preto e branco, que hoje ganharam cor, versão 3D, 4D, permitindo-nos afirmar que a criatividade tem seu ponto de partida e pode ser desenvolvida a partir de estímulos e da oferta de possibilidades, inspirada em algo preexistente, ou seja, alguém apto para dar subsídios que despertarão nos estudantes sua capacidade criativa, diante das múltiplas inteligências, peculiares de cada um.

Joseph Pilates focou no homem; Jacques Cousteau se inspirou na natureza; Charlie Chaplin, com seu adorável minúsculo bigode, na sensibilidade. Assim o professor, ao desenvolver uma visão panorâmica de como explorar a criatividade, não desmembrará a arte da Matemática nem a sensibilidade da Física, tampouco limitará o talento de um artista caso deseje cantar as fórmulas da Química.

Como trazer isso para o cotidiano das aulas em que o conteúdo precisa ser concluído? Colocando arte nos conteúdos. Simples assim! Simples? Não, não tão simples, pois para isso o professor precisa ser criativo. Eis a cereja do bolo. Ele deve ter um pouco do Chaplin para impressionar a sua plateia: "Eu deixo ecoar o que está em mim, eis o ponto de partida!". Imaginar-se um Cousteau para comprometer-se com as informações transformadoras e um tantão de Pilates, para aprimorar seus conhecimentos, imaginando-os sem fronteiras, mas recheados de curiosidade.

Cu-ri-o-si-da-de! Aqui está a palavra mágica que impulsiona a criatividade. Não oferecer moldes, não dar coisas prontas, pois isso pode tolher a imaginação. Sair do "gabarito das provas" como a forma mais precisa de se avaliar, promover a gamificação como forma de desafio e evitar o decoreba, pois isso tornará o aprendizado mais envolvente e promoverá uma postura exploratória e ativa nos estudantes, como afirma Paula Carolei; oferecer repertório e valorizar o repertório que o aluno traz consigo (aprendizagem significativa), deixando de utilizar o piloto automático para que a motivação pelo novo seja um ato de coragem, reconhecendo que a criticidade é a mola mestra da inovação.

Professor apaixonado pelo que faz será criativo, sem malabarismo, sem pirotecnia, sem atitudes piegas, mas com uma visão para as amplas possibilidades que tornarão mais próximos os conteúdos, os livros, as pesquisas no Google daquilo que já existe de talento em cada um, por vezes adormecido, esperando o beijo do príncipe para despertar a bela criatividade adormecida de dentro de cada um.

Como nos contos de fadas, criar é imaginar, é ter a percepção de que somos mestres de nós mesmos se nos for mostrado que sim, eu sou capaz, que evoluímos com o tempo. Não precisamos ser um Einstein, porque o mundo precisa ter diversidade para que a criatividade assuma seu papel de protagonista nas relações profissionais e, especialmente, nas afetivas para que ecoe o princípio de se viver para ver um mundo melhor.

Capítulo 13

Hard e Soft Skills. Quais serão as habilidades e competências desejadas no profissional do futuro?

As transformações nos modelos de negócios em todos os segmentos para adequação ao mundo 4.0 estão trazendo novos desafios para os colaboradores. Diante desse fato, precisamos entender o que são *hard* e *soft skills*, quais são fundamentais para o profissional do futuro e como estes podem desenvolver para manter-se em sintonia com o mercado de trabalho, garantido empregabilidade e sucesso.

Haroldo Peón

Haroldo Peón

Consultor, Mentor, Educador e Palestrante nas áreas de Finanças, Negócios e Tecnologia da Informação. Graduado em Administração, pós-graduado em Análises de Sistemas, Administração Hospitalar, *e-Business*, Governança Corporativa, Governança de TI, Jornalismo e Comunicação. Mestre em Administração, com ênfase em Tecnologia, e Mestrando em *Big Data* Aplicado a negócios. Forte experiência como executivo em gestão de negócios nas áreas de Finanças, Controladoria, Gestão Estratégica, Operações, Elaboração de Projetos Econômicos e Planos de Negócios. Em Tecnologia da Informação, nas áreas de Governança de TI, Gestão Estratégica de TI, Inovação, *Business Intelligence*, Desenvolvimento de Sistemas e Infraestrutura. Coordenador e docente em cursos de graduação e pós-graduação nas áreas de negócios, empreendedorismo, *marketing*, inovação e tecnologia da informação, tendo orientado cerca de 900 trabalhos de conclusão de curso.

Contatos
https://about.me/haroldopeon
hpeon@brstart.com.br
+55 (71) 99904-0095

Vamos iniciar com uma pergunta bastante complexa: existe um perfil fechado para o profissional do futuro?

As transformações nos modelos de negócios em todos os segmentos se fazem necessárias. Correto? Para isso, os profissionais que neles atuarão também precisam ter outro perfil, ou vão ficar para trás.

Um profissional generalista, multitarefas, inovador, capaz de lidar com a diversidade e muitos desafios ao mesmo tempo. Seria este o perfil do profissional de quem estamos falando?

Pois bem. As empresas procuram profissionais versáteis, hábeis, resilientes, flexíveis e que tenham também um espírito analítico aflorado. Será que falta mais alguma coisa dentro deste conjunto de habilidades que acabamos de citar?

Vamos entender o que são *Hard Skills* e *Soft Skills*

Todo ser humano é dotado de muitas habilidades naturais que podem tanto ser adquiridas ou desenvolvidas com o passar do tempo. Vamos começar pelas *Hard Skills*, as habilidades técnicas que cada ser humano aprende ao longo da vida.

Conhecimentos que adquirimos lendo um livro, fazendo um curso, enfim, são aquelas informações que você quer colocar no currículo ou destacar no perfil do LinkedIn, por exemplo. São habilidades concretas e de aprendizado totalmente técnico.

Já as *Soft Skills* são muito desejadas e cada vez mais valorizadas no mercado de trabalho, não dependem de certificados nem de diplomas.

Para o profissional do futuro, que já possui as *Soft Skills* necessárias, este sim está um passo adiante na contratação e, com certeza, trará um retorno significativo para a empresa que se interessou por ele.

Existem diversas *Soft Skills* e estes dons naturais se relacionam com as crenças, caráter e personalidade de cada pessoa. Voltando a falar sobre as *Hard Skills*, uma característica bem marcante entre as duas é que podemos medi-las.

Você vai me perguntar: como medi-las? As habilidades aprendidas podem ser colocadas em um currículo e comprovadas por certificados, se preciso for, mas as inatas necessitam de reconhecimento social. Se bem que as duas andam paralelamente, tendo diferença e, ao mesmo tempo, alguma similaridade, pois ambas podem ser desenvolvidas.

A grande sacada hoje no mundo corporativo é que as empresas tenham colaboradores que possuam competências pessoais adequadas, entre aquelas nascidas com o sujeito ou adquiridas pelas vivências de cada um.

Nada substitui o dom natural, mas algumas competências extremamente importantes podem vir a ser aprendidas. Correto? A pessoa pode não ser das mais flexíveis, mas pode aprender a ser. Para isso, terá que estudar, ler sobre esta habilidade e aplicá-la em sua vida, tanto profissional quanto pessoal. Nada impossível de ser feito e que fará toda a diferença em seu caminhar profissional.

Mas num mundo cada vez mais tecnológico, onde a força humana está perdendo espaço para a robótica, em tarefas antes ministradas por humanos, as habilidades naturais farão toda a diferença e quem as tiver será destaque dentro da empresa. A máquina nunca substituirá isso, então zero concorrência.

Continuando no *hall* das competências, as empresas já colocam algumas *Soft Skills* como as mais importantes para o século 21. Um exemplo é o pensamento crítico, como enxergar determinado desafio de um ângulo diferente do que se vê.

Ter na empresa colaboradores focados, motivados e assertivos é ter um quadro profissional produtivo e engajado com os resultados desejados. Algumas *Soft Skills* não podem faltar, pois são competências de extrema importância no mundo corporativo. Podemos citar algumas, como:

- **Pensamento crítico:** capacidade de questionar métodos, identificar falhas, buscar novas soluções e rever processos com sabedoria;
- **Comunicação:** capacidade de debater com colegas de trabalho para evitar conflitos, dirimir divergências que possam prejudicar a realização das funções dentro da empresa;
- **Liderança:** inspirar outros colaboradores e motivar equipes a entregar os resultados aguardados, sabendo quando servir de exemplo, quando distribuir tarefas e como cobrar de maneira não constrangedora frente à equipe;
- **Flexibilidade e resiliência:** estão ligadas à capacidade de se adaptar e continuar produzindo diante das mudanças propostas, outros cenários, após experiências difíceis e que trouxeram prejuízo, mas também aprendizados;
- **Trabalho em equipe:** habilidade de cooperar e mediar com os colegas em grupos compostos por pessoas diversas, dando sua contribuição individual para o interesse de todos;
- **Criatividade:** capacidade de inovar, pensar fora da caixa - como dizemos -, e de trazer soluções novas para antigos problemas;
- **Proatividade:** o famoso colocar a "mão na massa", avaliar situações, encontrar caminhos para resolver questões que impeçam resultados ou atrapalhem a produtividade;
- **Empatia, ética no trabalho e atitude positiva:** são outras três *Soft Skills* que vão ajudar a lidar com postura correta ao se colocar no lugar do outro, comprometimento com as regras empresariais e mais foco nos acertos do que nos erros a fim de ter uma postura que contagie toda a equipe;
- **Boa oratória:** além da boa dicção, precisa-se usar corretamente as palavras e sua pronúncia, sabendo evidenciar os conhecimentos que tem de maneira segura e com capacidade de convencimento;
- **Abertura à experiência:** possuir atitude de busca de nova situação para alcançar e atingir novos objetivos e reaprender;
- **Negociação:** argumentar de forma clara e coerente, conciliando posições e buscando acordos que tragam benefícios para todos

os lados envolvidos. É também a capacidade de fazer parcerias, alianças ou associações;

- **Manejo emocional:** visando manter o desempenho e a resiliência, mesmo estando sob pressão.

Todas essas competências são baseadas na inteligência emocional e ajudam o funcionário a se destacar dos demais profissionais. Essas *Soft Skills* são as que capacitam as pessoas a ocuparem cargos de liderança.

As empresas, em relação a futuras contratações, têm um olhar que vai além da capacidade técnica que os candidatos apresentam. Na hora da seleção, as competências pessoais que vão além das habilidades técnicas acabam sendo mais valorizadas ao fazer a escolha.

Quem estiver em vias de conquistar uma colocação no mercado de trabalho é fundamental deixar bem claro suas *Soft Skills*, contar sobre experiências positivas em outra empresa, expor alguma situação que tenha passado e que contribuiu para resolução ou alguma melhoria, não esquecendo que tudo isso deve ser colocado na esfera comportamental.

Algumas empresas já têm bem delineadas quais *Soft Skills* desejam encontrar. Fique atento a isso. Estude quais pilares de sustentação compõem a cultura e os valores da empresa em que você almeja trabalhar.

Nosso mercado de trabalho está em constante mudança e, para acompanhar este cenário, as empresas exigem profissionais com mais competências diferenciadas. Como a cada ano o mercado de trabalho fica mais competitivo, é necessário que se percebam as oportunidades que chegam.

As qualificações técnicas, *Hard Skills*, ainda têm peso de ouro nas contratações, mas ultimamente as *Soft Skills* lideram disparadamente, já que estão intimamente ligadas à maneira como o profissional se relaciona e interage no ambiente de trabalho. Hoje mais do nunca o ambiente corporativo exige todas as competências que trarão foco, engajamento, motivação e, acima de tudo, produtividade e resultados, é claro.

O profissional deve buscar novas ramificações e apostar na inteligência emocional para se diferenciar e aproveitar a onda da busca por profissionais com essas habilidades. Em época de globalização e tecnologia avançada, as *Soft Skills* ganham destaque já que diferenciam as pessoas das máquinas e as atividades exercidas por elas não serão substituídas por robôs.

As empresas procuram um perfil que una os dois lados para que haja sucesso na contratação do profissional. Tem que ter tanto as competências técnicas quanto as comportamentais. É importante quando essas habilidades estão desenvolvidas, que sejam acionadas e colocadas em prática para que facilite a vida do profissional para o desenvolvimento de seus desafios.

Quando as emoções positivas das *Soft Skills*, colaboração, empatia, inteligência emocional, flexibilidade, ética, entre outras são colocadas em prática, o profissional se sente mais motivado e inspirado para ir além do esperado, conquistar mais espaço e um destaque positivo dentro da empresa. Sem dúvida, trabalhar com prazer e motivação trará melhor resultado e melhor desempenho. Por isso, cabe ao recrutador avaliar não só as competências técnicas, como já falamos, mas as comportamentais também, assim terá mais assertividade de colocar determinado indivíduo em determinada equipe.

Trabalhar em empresas que têm este modelo de recrutamento e se preocupam com o perfil do gestor que irão contratar é muito importante. Levar em conta as habilidades não técnicas de seus colaboradores é facilitar na outra ponta o trabalho de todos.

O profissional que consegue identificar suas habilidades emocionais e trabalhar numa empresa que coloque isso a serviço da equipe, com certeza terá resultados surpreendentes.

Não me encontro em trabalho nenhum. Será que preciso desenvolver minhas *Soft Skills*?

O comportamento humano é mutável, então temos que aproveitar essa qualidade e nos tornar pessoas e profissionais melhores. Muitos fazem essa pergunta a si mesmos quando descobrem sobre as *Soft Skills* e percebem que nunca as desenvolveram, porque nem sabem na verdade o que é. Aí eu pergunto: será esse o motivo de alguns profissionais estarem descontentes em seu trabalho?

Pode ser um dos fatores sim, aliado a outros motivos, por isso é interessante, nos dias de hoje, desenvolver as *Soft Skills*. As empresas de olho no futuro estão engajadas em terem equipes mais "redondas" e mais bem preparadas, assim entregam resultados melhores e com mais agilidade. Para fazer parte desse novo modelo de trabalho, é preciso desenvolver esse mecanismo e otimizar a maneira de se trabalhar.

O modelo de trabalho, com colaboradores de perfil convencional, tende a ficar cada vez mais ultrapassado. Manter um modelo de trabalho em que existe a competição e profissionais fora de suas áreas de propósito está fora de contexto? Nunca é tarde para desenvolver essas habilidades para ser feliz em seu ambiente de trabalho.

Mudanças, flexibilidade e sucesso

Num mercado de trabalho dos mais exigentes e competitivos, o fracasso e o sucesso não são determinados por nenhum gene no nascimento e sim pelos circuitos cerebrais de cada indivíduo. Portanto, ninguém está fadado ao fracasso. Esse jogo pode mudar e só depende de você para que isso seja aperfeiçoado.

Parece propaganda de margarina com mensagem de incentivo, mas não é. Você realmente pode e deve mudar esse jogo. Bons currículos, ótimas certificações e qualificações variadas não são o suficiente neste novo cenário corporativo. As empresas esperam por outro perfil de profissional. Colaboradores flexíveis, aptos a mudanças e em busca de sucesso é a nova pedida.

Para se ter uma ideia, de acordo com uma pesquisa global da empresa Capgemini Digital Transformations, em 2017, 60% das empresas entrevistadas estavam insatisfeitas com as *Soft Skills* de seus colaboradores nas seguintes áreas: foco no cliente, cooperação, aprendizagem contínua, habilidade organizacional, espírito empreendedor e capacidade de promover mudanças.

Nesta pesquisa foram abordadas habilidades suaves. Mas existem diversas *Soft Skills* desejadas pelas empresas que vão de acordo com o perfil de cada cargo, característica da liderança e até capacidade analítica.

Por fim, em um mundo corporativo pautado cada dia mais pela competitividade, o profissional do futuro deve se reinventar, se atualizar e, mais que tudo, adquirir novas competências para se manter ativo no mercado de trabalho. Não devendo esquecer que seu comportamento sempre será avaliado, portanto estar com suas competências em dia sempre será benéfico e vantajoso para o seu sucesso profissional.

Referências

BARDIN, Laurence. *Análise de conteúdo*. São Paulo: Edições 70, 2011.

BARTRAM, Dave. *The SHL Universal Competency Framework*. SHL Group Limited. Thames Ditton/Inglaterra: SHL Groupplc, p. 11, 2012.

CAVALCANTE, Caroline G. S.; ALMEIDA, Tatiana D. Os benefícios da Indústria 4.0 no gerenciamento das empresas. *Journal of Lean Systems*, [S.l], v. 3, n. 1, p. 125-151, 2017.

CHIAVENATO, Idalberto. *Gestão de pessoas: o novo papel dos recursos humanos nas organizações*. 4. ed. São Paulo: Manole, 2014a. 494 p.

CONFEDERAÇÃO NACIONAL DA INDÚSTRIA - CNI. Confederação Nacional da Indústria. Desafios para a indústria 4.0 no Brasil. Brasília: CNI, 2016. 34 p.